들풀 사도문학관

시조의 나라 시조대학본

시조의 나라 시조문학관
들풀시조문학관

펴낸이 · 민병도
펴낸곳 · 목언예원

초판 인쇄 : 2025년 2월 25일
초판 발행 : 2025년 3월 3일

목언예원
출판등록 : 2003년 2월 28일 제8호
경북 청도군 금천면 선바위길 53 (신지2리 390-2)
전화 : 054-371-3544 (팩스겸용)
E-mail : mbdo@daum.net
https://cafe.naver.com/deulpullm

ISBN 979-11-93276-20-4 03810

저자와의 협의에 의해 인지를 생략합니다.

값 15,000원

들풀사조문학관

시조의 나라 시조대학관

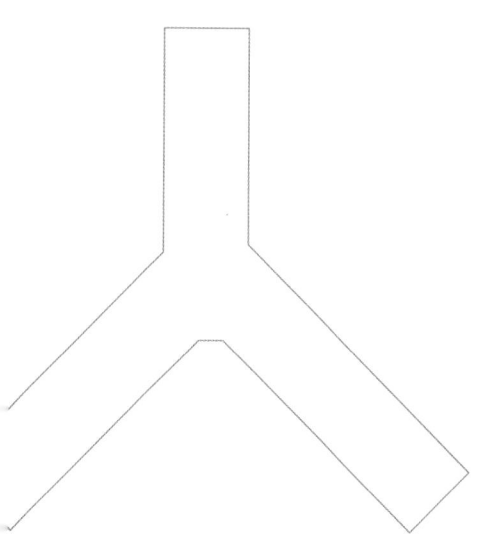

발간사

들풀시조문학관을 개관하면서

민병도 시조인, 들풀시조문학관 관장

　시조는 한글 문학의 맥을 일으킨 출발점이자 시문학의 중심 장르로 정신문화의 보고입니다. 천년에 이르는 오랜 기간 동안 민족 고유의 정신이 고스란히 우러난, 우리말이 지닌 차별화된 감성의 깊이를 정형성이라는 양식에 녹여낸 자랑스러운 유산입니다. 위로는 임금으로부터 사대부와 기녀에 이르기까지 시대가 지닌 고유의 미의식을 담아내어 오늘에 이르기까지 민족의 정신적 미덕과 시간적 변용에 최적화된 미의식이 시조가 지닌 비교불가의 가치입니다.

　시대 상황의 변화에 따라 현대 시조는 고시조가 지닌 창사(唱辭) 중심의 아마추어리즘에서 벗어나 새로운 장르라 봐도 무방할 정도의 변화를 거쳐 왔습니다. 따라서 인쇄와 미디어 중심의 본격 문학으로의 접점 이동에 성공하여 오늘에 이르고 있습니다. 물론 서구 문명의 무차별적으로 몰려옴에 따라 자유시와의 경쟁 구도에서 잠시 밀려난 느낌이 없지 않으나 장구한 역사성으로 미루어 볼 때 일시적인 현상으로 여겨집니다.

　이 같은 문학의 장르적, 민족사적 가치를 감안할 때 시조문학관의 건립은 그 필요성에 비추어 볼 때 많이 늦었습니다. 물론 개인적 성과를 기리는 시조문학관이 몇몇 있기는 하지만 시조문학 전체를 아우르는 문학관이 없다는 사실은 지극히 안타까운 현실이 아닐 수 없습니다. 시대별로 자료를 아우르고 연구하는 국립 시조문학관이 몇 개 정도는 있어야 우리 문학의 국격(國格)에 맞지 않을까 생각됩니다.

    비록 들풀시조문학관이 규모나 운영시스템 면에서 턱없이 부족한 실정이지만 2018년 법제화된 문학진흥법의 설립 기준에 따른 사립문학관으로 등록된 시설입니다. 180건의 등록 자료와 12,000권의 도서를 포함한 육필 자료가 중심이 된 현재의 출발로부터 장차 시조의 국제적인 웅비를 꿈꾸는 전당이 될 것입니다.

    사실 시조의 긴 역사에 비추어 보면 문학사적인 소장 자료는 그렇게 많지 않습니다. 근세에 있었던 전쟁의 화마가 가장 큰 이유이겠으나 너무나 익숙한 우리의 문화 자료이다 보니 가볍게 치부한 까닭이기도 할 것입니다. 제가 시조 자료를 수집해야겠다고 결심한 배경 또한 필요한 시조의 연구 자료를 구하기가 어려웠기 때문이었습니다. 그로부터 30여 년, 지금이라도 수집 자료들을 한 자리에 모아 민족의 자산으로 등록하고 필요한 국민 모두가 공유하는 자긍심의 창고이기를 기대합니다.

    지금은 가슴의 온기를 잃어버리고 머리의 차가운 계산에만 매몰되기 쉬운 환경입니다. 이럴 때일수록 우리 시문학인 시조 본연의 가치 질서를 새롭게 발견하고 정신의 양식으로 삼아야 합니다. 그리하여 국제화 시대의 차별화되고 독자적인 우리 삶의 질서가 새롭게 거듭나야 할 것입니다.

    들풀시조문학관에서 민족정신의 가치를 재발견하고 시조와 함께 웅비할 한글 민족의 미래에 함께 손을 얹어주시기 바랍니다.

CONTENTS

PART 001 | 문학관 소개 • 9
　#들풀시조문학관 사진
　#개관식 전경

PART 002 | 소장자료 · 정운 이영도 • 17
　#정운 이영도 시인의 육필 일기와 편지
　#애일당, 계명암 시실 방문 문인 육필

PART 003 | 소장자료 · 문인 육필 • 33
　#시조 시인 육필
　#이호우, 이영도 시인 육필
　#자유시, 기타 문인 육필

PART 004 | 소장자료 · 주요 소장 시집 • 43
　#이호우, 이영도 시인
　#김상옥 시인
　#정완영 시인
　#심재완 박사
　#주요 시조집
　#자유시, 기타 소장 도서

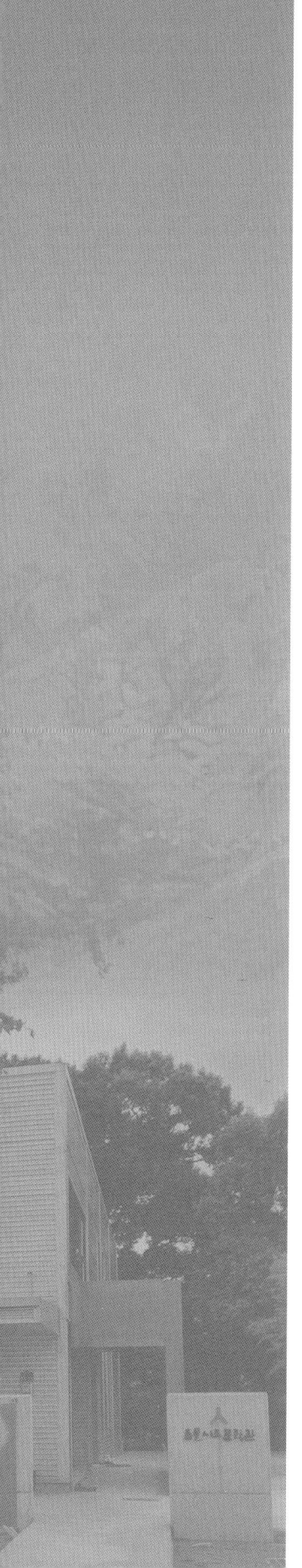

PART 005 | **소장자료 · 문화재청 지정 도서** • 65
#근대문화유산 소장 도서
#시조 수록 고서

PART 006 | **시조 칼럼** • 73
#민병도의 시조 칼럼

PART 007 | **민병도갤러리 주요 소장 작품** • 95
#국내 작가 작품
#중국 작가 작품

PART 008 | **부록** • 101
#청도시조공원
#달빛시작길
#화폭의 청도
#주변의 볼거리

PART 009 | **들풀시조문학관 운영 조직표** • 112

시조의 나라, 시조문학관
축
율풀시조문학관 개관

문학관 소개

#들풀시조문학관 사진
#개관식 전경

문학관 소개

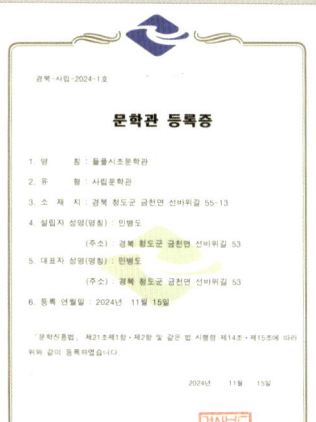

문학관 소개

문학관 소개

들풀시조문학관

소장자료
정운 이영도

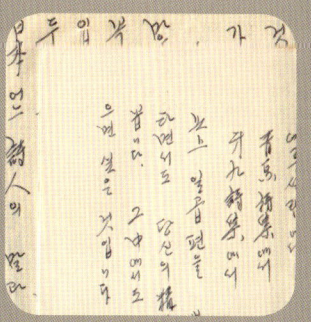

#정운 이영도 시인의 육필 일기와 편지
#애일당, 계명암 시실 방문 문인 육필

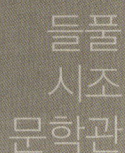

정운 이영도

이영도 시인의 육필 일기

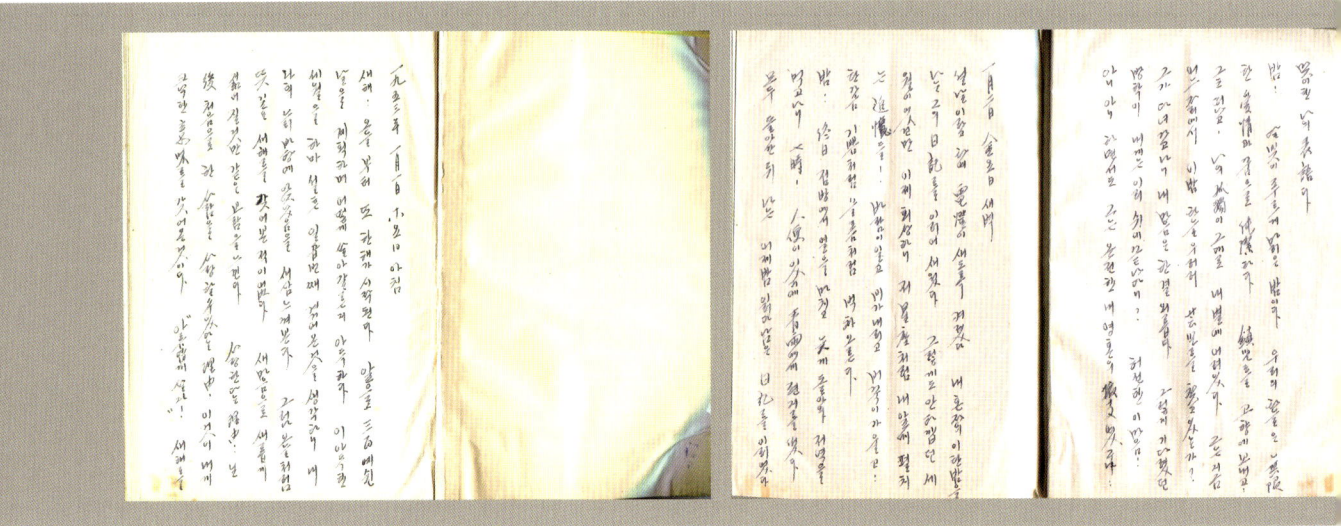

■ 1953년 1월 1일(목요일 아침)

　새해… 오늘부터 또 한 해가 시작된다. 앞으로 삼백 예순 날을 계획하며 어떻게 살아갈는지 아득하다. 이 아득한 세월을 하마 서른일곱 번째 겪어온 것을 생각하니 내 나의 흙바탕에 앉았음을 새삼 느껴본다. 그럼 오늘처럼 뜻깊은 새해를 가져본 적이 없다. 새 마음으로 새롭게 젊어질 것만 같은 보람을 느낀다. 사랑한다는 이유理由, 생후 처음으로 한 사람을 사랑할 수 있다는 이유, 이것이 내게 크나큰 의미意味를 가져온 것이다. "아름답게 살자!" 새해를 맞이한 나의 표어標語다.
　밤, 달빛이 푸르게 맑은 밤이다. 우리의 하늘은 무한無限한 애정愛情과 꿈으로 순결純潔하다. 진아鎭兒를 고향에 보내고 그도 떠나고— 나의 고독이 그대로 내 곁에 어려 있다. 그는 지금 어느 자리에서 이 밤하늘을 우러러 운아芸兒를 찾고 있는가? 그가 다녀가고 나니 내 마음은 한결 외롭다. 그렇게 기다렸던 방학이 내게는 이리 쉬이 끝나다니—
　허전한 이 마음, 아니아니 하면서도 그는 온전한 내 영혼의 액지披支였구나.

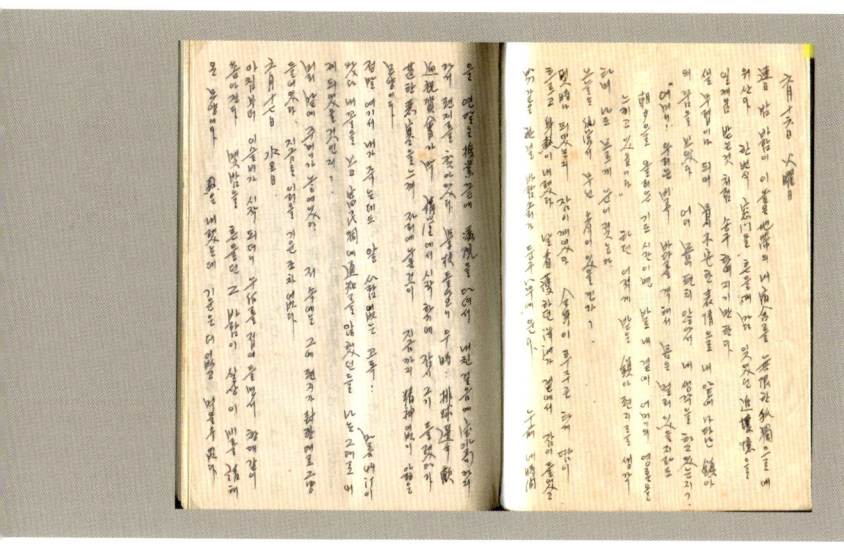

■ 1953년 6월 16일(화요일)

 연일 밤바람이 이 높은 지대地帶의 내 숙사宿舍를 무한히 고독孤獨으로 에워싼다. 한 번씩 창문을 흔들 때마다 잊었던 추회억追懷憶으로 일깨움 받는 것처럼 송구하여지기만 한다.
 샐 무렵이나 되어 몹시 불안한 표정으로 내 앞에 나타난 진아鎭兒의 꿈을 모았다. 어디 몸이 편치 않아서 내 생각을 하고 있는지?
 "어머니! 우리는 비록 바다를 격해서 몸은 멀리 떨어져 있을지라도 조석朝夕으로 올리는 기도 시간이면 바로 내 곁에 어머니의 영혼을 느끼고 있습니다."하던 어저께 받은 진아鎭兒 편지를 생각하며 나도 모르게 눈이 젖는다.
 오늘은 통영統營서 무슨 소식이 있을 건가?
 몇 시나 되었는지 잠이 깨었다. 전신이 후줄근하게 땀이 흐르고 신열身熱이 내렸다. 날 간호하던 양주洋洲가 곁에서 잠이 들었고 바깥은 한결 바람소리가 둥구나무에 운다.
 오전 네 시간을 연달아 수업授業끝에 병원을 다녀서 내친걸음에 보수국寶水局까지 가서 편지를 찾아왔다. 학교 돌아오니 2시… 배구선수排球選手 환영축하회歡迎祝賀會가 막 강당에서 시작하기에 잠시 거기 들렀다가 심甚한 오한惡寒을 느껴 자리에 누운 것이 지금까지 정신없이 앓은 모양이다.
 정말 여기서 내가 죽는데도 알사람 없는 고독! 마침 초정草汀이 왔다. 내 꼴을 보고 부민동富民洞에 통지通知를 안했던들 나는 그대로 어찌 되었을 것인지?
 머리맡에 주머니가 놓여 있었다. 저 속에는 그의 편지가 봉封 한대로 그냥 들어 있다. 지금은 읽을 기운조차 없다.

정운 이영도

이영도 시인의 육필 일기

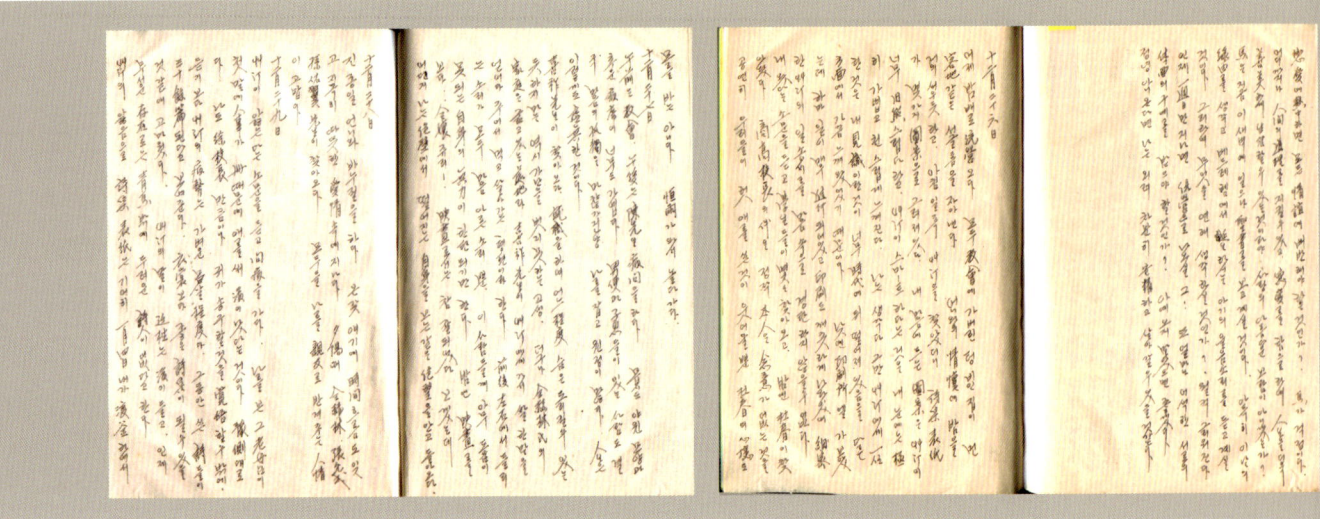

■ 1953년 12월 26일(화요일)

어제 밤배로 통영統營 오다. 모두 교회에 가버린 텅 비인 집이 먼 객지客地같은 서글픔을 자아낸다. 언니와의 정회情懷에 밤을 거의 세우 듯 하고 아침 일찍 초정草汀을 찾았더니 시집詩集 표지表紙가 몇 가지 원안圓案으로 그려져 있다. 내 마음에 드는 도안圖案은 초정草汀이 너무 구태舊態스럽다고 하고 초정草汀이 스마트하다고 하는 것은 내 눈에는 극極히 가볍고 천스럽게 느껴진다. 나는 생각다 그만 초정草汀에게 일임一任한 것은 내 견식見識이란 것이 너무 시대에 뒤떨어져 있음을 다른 방면에서 가끔 느껴왔었기 때문이다.

낮엔 인쇄소엘 가보았는데 하마 일이 매우 진행進行되어 있고 인쇄도 깨끗하게 나와 있어 세밀細密한 초정草汀의 일솜씨를 마음속으로 경탄하지 않을 수 없다.

내 왔다는 소문을 듣고 학생들이 몇몇 찾아오고 밤엔 사춘社春이 찾아왔다. 상고교장商高校長의 반은 정작 본인은 회의가 없는 것을 공연히 우리들의 헛 애를 쓴 것이 우스울 뿐 사춘社春의 심회도 모를 바는 아니다. 항우恒雨가 와서 놀다 가다.

靑馬에게 보낸 丁芸 이영도 시인의 편지

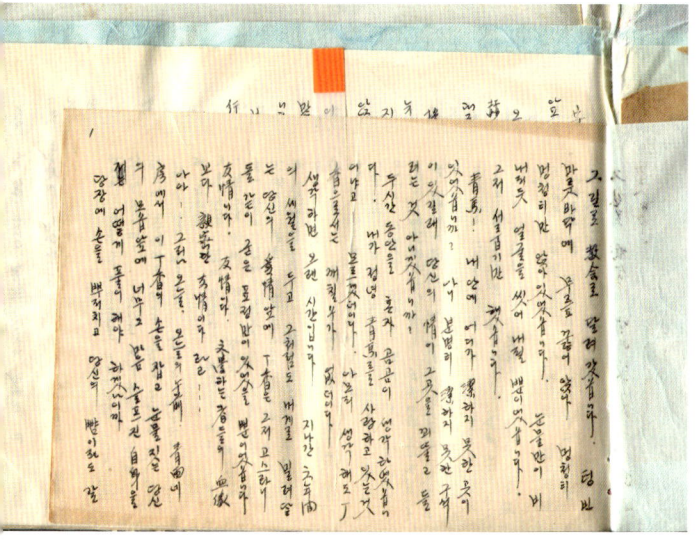
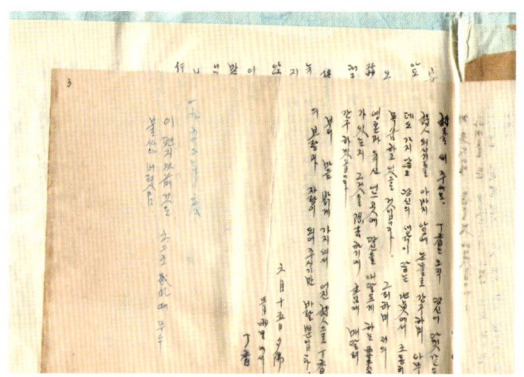
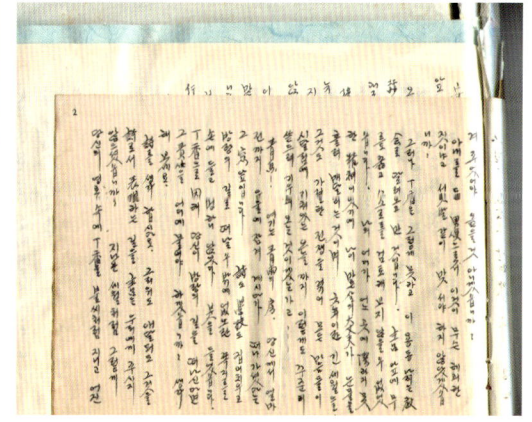

■ 1952년 6월 15일

    그 길로 교회敎會로 달려갔습니다. 텅 빈 마룻바닥에 무릎을 꿇어 앉아 멍청히 멍청히만 앉아 있었습니다. 눈물이 비 내리듯 얼굴을 씻어 내릴 뿐이었습니다. 그저 서룹기만 했습니다.
    청마靑馬! 내 안에 어디가 결潔하지 못한 곳이 있었습니까? 아니 분명히 결潔하지 못한 구석이 있길래 당신의 정情이 그곳을 꿰뚫고 들려는 것 아니겠습니까?
    두 시간 동안을 혼자 곰곰이 생각하였습니다. 내가 정녕 청마靑馬를 사랑하고 있는 것이냐고- 모르겠습니다. 아무리 생각해도 정향丁香으로서는 깨칠 수가 없더이다.
    생각하면 오랜 시간입니다. 지나간 6년간의 세월을 두고 그처럼도 내게로 밀려 닿는 당신의 애정愛情앞에 정향丁香은 그저 고스라니 돌 같이 굳은 표정만이 있었을 뿐이었습니다. 우정友情이다, 우정友情이다. 문학하는 자者들의 혈연血緣보다 친밀親密한 우정友情이다 라고…

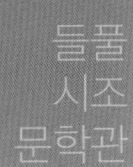

정운 이영도

靑馬에게 보낸 丁香 이영도 시인의 편지

　아아! 그럼 오늘, 오늘의 오전午前, 청마靑馬네 방방房에서 이 정향丁香의 손을 잡고 눈물짓는 당신의 모습 앞에 너무도 마음 슬프진 자신을 어떻게 풀이해야 하겠나이까.
　당장에 손을 뿌리치고 당신의 뺨이라도 갈겨주었어야 옳았을 것 아니겠습니까?
　아내를 둔 남편男便으로서 이것이 무슨 해괴한 짓이냐고 서릿발 같이 맞서야 하지 않았겠습니까?
　그러나 정향丁香은 그렇게 못하고 이 용동 낡은 교회敎會로 달려오고 만 것입니다. 주主님 앞에 무릎 꿇고 스스로를 검토해 보지 않을 수 없었습니다. 나의 어디가 어느 곳에 결潔하지 못한 정신精神이 있기에 나이 마흔 살의 대장부大丈夫가 눈물을 흘려 매달리는 것이며 육년六年이란 긴 세월을 그것도 가열한 전쟁을 겪어 모든 마음들이 시달림에 지쳐 있는 오늘까지 이렇게도 꾸준히 쏟뜨려 기우려 오는 것이겠는가고—
　청마靑馬! 여기는 처우의 방房, 당신께서 얼마 전까지 우울에 잠겨 계시다가 떠나가셨다는 그 창窓 앞입니다. 시詩도 학교學校도 집어치우고 방랑의 길로 떠날 수밖에 없노란 쪽지를 손에 들고 멍하니 앉았다 붓을 들었습니다. 정향丁香으로 인因해 당신이 방랑의 길을 떠나신다면 그 책임責任을 어디에 물어야 하겠습니까? 생각해 보세요.
　시詩를 생각합시다요. 그리워도 애달파도 그것을 시詩로서 표현表現하는 길을 주主님은 우리에게 주시지 않으셨습니까? 지나간 세월처럼 그렇게 당신의 영혼 속에 정향丁香을 불씨처럼 지니고 어진 시詩를 써주세요. 정향丁香은 오직 당신이 다윗 같은 시인詩人 되시기를 아버지 앞에 눈물로 간구하며 아무데도 가지 않고 당신의 생각이 닿는 지점地點에서 조용히 목숨하고 있을 것입니다. 그리하며 저의 영혼과 육신 어느 곳에 당신을 애달프게 하는 요소要素가 있는지 그것을 제거除去하기에 주主님께 매달려 간구하겠습니다.
　부디 마음 밝게 가지셔서 어진 시인詩人으로 정향丁香의 보람과 자랑이 되어주시기만 바랄 뿐입니다.

1952년 6월 15일 석양夕陽
청우리靑雨里에서 정향丁香

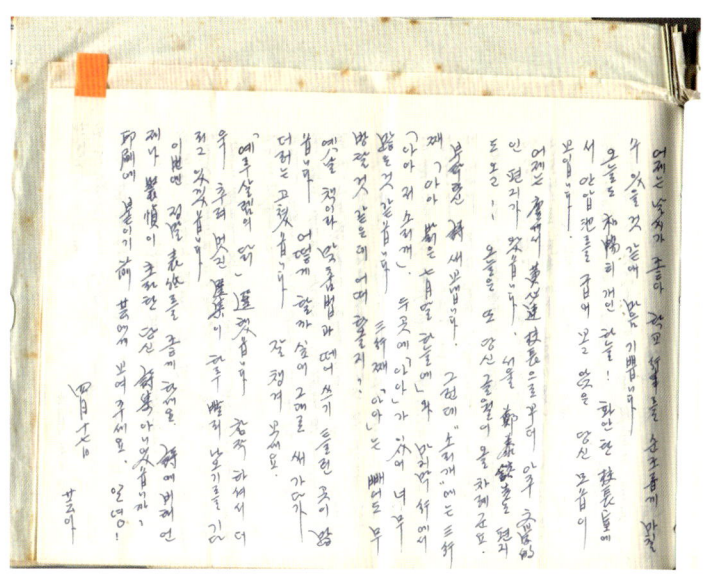

■ 1955년 4월 17일

　어제는 날씨가 좋아 학교 행사를 순조롭게 마칠 수 있을 것 같아 마음 기쁩니다.
　오늘도 화창和暢히 개인 하늘! 화안한 교장실校長室에서 안압지를 굽어볼 앉은 당신 모습이 보입니다.
　어제는 경주慶州에서 황필란黃必連 교장校長으로부터 아주 문학적文學的인 편지가 왔습니다. 서울 정태용鄭泰鎔 선생 편지도 오고 – 오늘은 또 당신 글월이 올 차례군요.
　부탁한 시詩 써 보냅니다. 그런데 「소리개」에는 삼행三行째 "아아 밝은 칠월七月달 하늘에"와 마지막 행行에서 "아아 저 소리개" 두 곳에 "아아"가 있어 너무 많은 것 같습니다. 삼행三行째 "아아"는 빼도 무방할 것 같은데 어떠하올지?
　옛날 책이라 맞춤법과 띄워 쓰기 틀린 곳이 많습니다. 어떻게 할까 싶어 그대로 써 가다가 더러는 고쳤습니다. 잘 챙겨보세요.
　『예루살렘의 닭』 선選 했습니다. 참작하셔서 더욱 추려 멋진 선집選集이 하루 빨리 나오기를 기다리고 있겠습니다.
　이번엔 정말 표지表紙를 좋게 하세요. 시詩에 비해 언제나 장정裝幀이 초라한 당신 시집詩集아니었습니까? 인쇄에 붙이기 전展 운芸에게 보여주세요. 안녕!

1955년 사월四月 십칠일十七日

운芸아

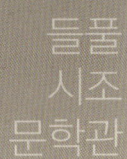

정운 이영도

靑馬에게 보낸 丁芸 이영도 시인의 편지

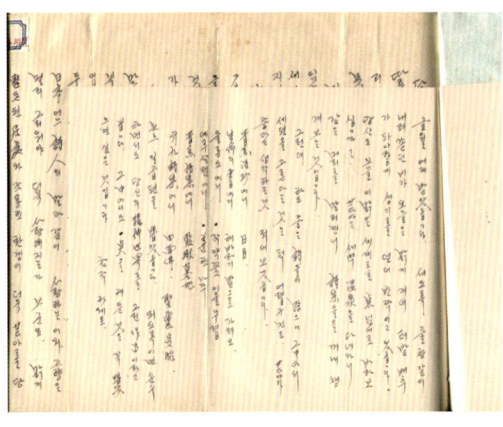
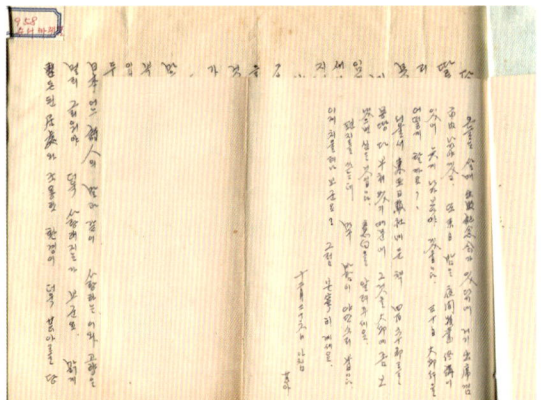

■ 1956년 12월 26일

글월 어제 받았습니다. 새도록 줄창 같이 내리쏟던 비가 오늘은 맑게 개여 텃밭 배추가 파아랗게 생기를 얻어 반짝이고 있습니다. 당신도 오늘 이 맑은 세계를 창窓 너머로 바라보십니까? 운芸아는 새벽 온천溫泉을 다녀와서 감은 머리를 말리면서 시집詩集들을 꺼내 챙겨보는 것입니다.

『청마시초靑馬詩抄』에서 「일월日月」
『생명生命의 서書』에서 「해바라기 밭으로 가려오」
『울릉도』에서 •「작약꽃 이울 무렵」
『예루살렘』에서 •「선善한 나무」
『청마시집靑馬詩集』에서 「감옥묘지監獄墓地」
『제第9시집詩集』에서 「사면불四面佛」, 「성영수태聖靈受胎」

이상 일곱 편을 뽑았습니다. 되도록이면 순수하면서도 당신의 정신세계精神世界를 그림 작품이라고 봅니다. 그 중中에서도 •점点을 해둔 것은 꼭 뽑았으면 싶은 것입니다. 침작하세요.

오늘은 살매 출판기념회出版記念會가 있다기에 거기 출석出席 겸 시내 나가야겠고 또 내일 밤은 야간수업夜間修業 종강終講이 있어 늦게 나가보아야 겠습니다. 삼십일三十日 대구행을 어떻게 할까요?

서울서 동아일보사東亞日報社에 둔 책 사백육십부四百六十部를 몽땅 다 부쳐왔기 때문에 그것을 대구大邱에 좀 보냈으면 싶은 것입니다. 의향意向을 알려주세요.

편지를 쓰는데 마구 바람이 야단스리 붑니다. 이제 추울려나 보군요. 그럼 안녕安寧히 계세요.

1956년 12월 26일 아침
운芸아

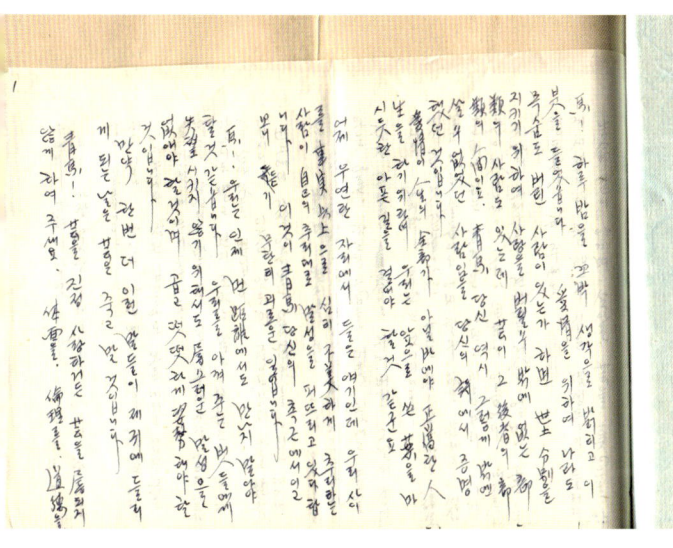

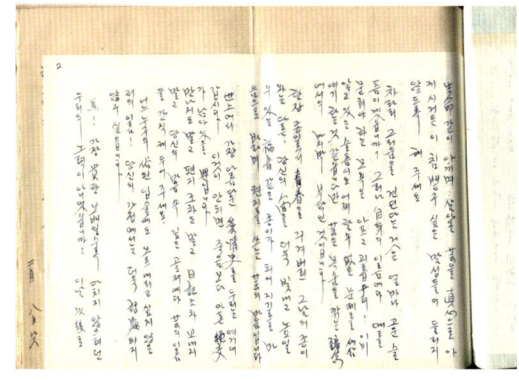

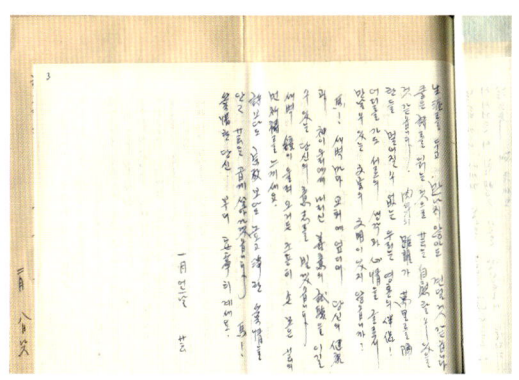

■ 1957년 1월 어느 날

마馬! 하루 밤을 꼬박 생각으로 밝히고 이 붓을 들었습니다. 애정愛情을 위하여 나라도 목숨도 버린 사람이 있는가 하면 세상世上 분별分別을 지키기 위하여 사랑을 버릴 수 밖에 없는 부류部類의 사람도 있는데 운芸이 그 후자後者의 부류部類의 인간人間이요, 청마靑馬 당신 역시 그렇게밖엔 살 수 없었던 사람임을 당신의 시詩에서 증명했던 것입니다.

애정愛情이 인생의 전부全部가 아닐 바에야 정상正常한 인생人生을 살기 위하여 우리는 앞으로 쓴 약藥을 마시 듯한 아픈 길을 걸어야 할 것 같군요.

어제 우연한 자리에서 들은 얘기인데 우리 사이를 사실事實 이상以上으로 심히 불미不美하게 추리하는 사람이 자기自己 추리대로 말썽을 퍼뜨리고 있다합니다. 이것이 청마靑馬 당신의 측근에서이고 보니 듣기 무한히 괴로운 것입니다.

마馬! 우리는 인제 먼 거리距離에서도 만나지 말아야 할 것 같습니다. 우리를 아껴주는 벗들에게 실망失望시키지 않기 위해서도 욕辱스러운 말썽을 없애야 할 것이며 곱고 떳떳하게 자세姿勢해야 할 것입니다.

만약 한 번 더 이런 말들이 제 귀에 들리게 되는 날은 운芸은 죽고 말 것입니다.

청마靑馬! 운芸을 진정 사랑하시거든 운芸을 욕辱되지 않게 하여주세요. 체면體面을, 윤리倫理를, 도덕道德을 생명 같이 아끼며 살아온 운芸을 진심眞心

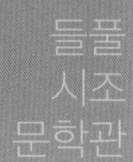

정운 이영도

靑馬에게 보낸 丁芸 이영도 시인의 편지

으로 아끼시거든 이 침 뱉고 싶은 말썽들이 들리지 않도록 해주세요.

　차라리 그리움을 견딘다는 것은 얼마나 고운 슬픔이겠습니까? 그러나 자신自身의 이름에다 때를 묻혀야 하는 모욕은 아프고 괴롭구려. 이미 알고 있는 슬픔이요 어찌 할 수 없는 문제를 새삼 얘기하는 것 같습니다만 운芸은 목숨을 깎는 체념諦念에서의 마지막 부탁인 것입니다.
　한 장 종이로서 청춘靑春을 구겨버린 그날의 종이와는 다른, 당신의 인생人間을 더욱 빛내고 높일 수 있는 복음福音같은 종이가 되어 지기를 마음으로 바라며 편지를 쓰는 운芸의 마음입니다.
　세상世上에서 가장 아름다운 애정사愛情史를 우리는 엮어갑시다. 이것이 안 되면 죽음보다 아픈 절교絶交가 남아있을 뿐입니다. 만나지도 말고 편지조차도 말고 일기조차 보내지 말고 당신의 마음 속 깊은 골짝에다 운芸의 이름을 간직해 두어 주세요.
　어느 누구의 속俗된 입술에도 오르내리고 싶지 않은 저의 이름! 당신의 가정에서는 더욱 화제話題되지 않고 싶습니다.

　마馬! 가장 귀貴한 보배일수록 다치지 않으려던 우리의 노력이 아니었습니까? 이날 이후以後로 생애生涯를 두고 만나지 않아도 견딜 것 같습니다. 좋은 시詩를 읽는 것으로 운芸은 자위自慰할 수 있을 것 같습니다. 육신肉身의 거리距離가 만리萬里를 격隔한들 멀어질 수 없는 우리는 영혼의 반려伴侶! 어디를 가도 서로의 생각과 심정心情을 글로써 만날 수 있는 문자文字의 문명文明이 있지 않습니까?
　마馬! 새벽마다 교회에 엎디어 당신의 건강健康과 신神이 우리에게 내리신 선의善意의 시험試驗을 이길 수 있는 당신의 의지意志를 빌겠습니다.
　새벽 종鐘이 울려오거든 조용히 손 모은 운芸의 먼 기도祈禱를 느끼세요.
　시詩보다도 종교宗敎보다도 높고 정淨한 애정愛情을 안고 운芸은 곱게 살아가겠습니다. 마馬! 애정愛情한 당신, 부디 안녕安寧히 계세요.

　　　　　　　　　　　1957년年 1월月 어느 날
　　　　　　　　　　　　　　운芸

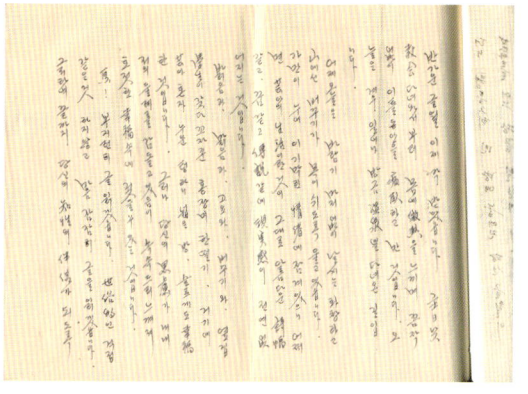 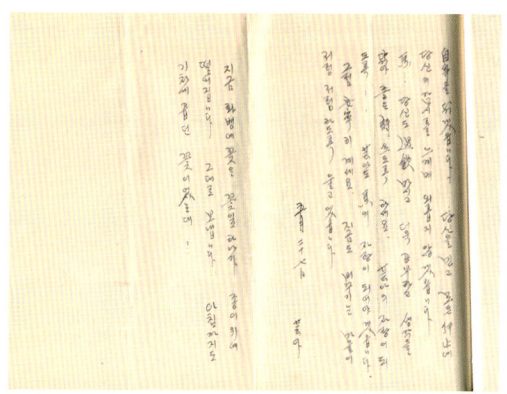

■ 1958년 5월 27일

    반가운 글월 이제 막 받았습니다. 주일主日 낮 교회敎會 다녀와서부터 몸에 미열微熱을 느끼며 꼼짝없이 이틀 농안을 병와病臥하고 만 것입니다. 오늘은 겨우 일어나 방금 온천溫泉엘 다녀온 길입니다.

    어제 오늘은 바람기마저 언 이 날씨는 화창하고 산山에선 뻐꾸기가 목이 쉬도록 울고 있습니다. 가만히 누워 이 기막힌 정서情緖에 잠겨 있으니 어쩌면 운芸아의 생활生活이란 것이 그대로 아름다운 시폭詩幅같고 꿈같고 전설傳說같아 현실감現實感이 전혀 없어지는 것입니다.

    밝음과 맑음과 고요와 뻐꾸기와 옆집 학생學生이 갖다 꽂아둔 홍장미 한 떨기, 거기에 운芸아 혼자 누운 텅하니 넓은 방, 슬프게도 행복한 것입니다. 그러나 당신의 사려思慮가 내내 저의 둘레를 감돌고 있음이 속속들이 느껴져 호젓한 행복幸福속에 젖을 수 있는 것입니다.

    마馬! 부지런히 글 읽겠습니다. 세속적世俗的인 걱정 같은 것 하지 않고 마음 잠잠히 글을 일겠습니다. 그리하여 끝까지 당신의 지성知性의 반려伴侶가 되도록 자신自信을 닦겠습니다. 당신을 믿고 행지行止에 당신의 감시를 느끼며 외롭지 않겠습니다.

    마馬! 당신도 과음過飮마시고 더욱 공부하고 생각을 닦아 좋은 시詩 쓰도록 하세요. 운芸아의 자랑이 되도록— 운芸아도 마馬의 자랑이 되어야겠습니다.

    그럼 안녕安寧히 계세요. 지금도 뻐꾸기는 마을이 저렁저렁하도록 울고 있습니다.

1958년年 오월五月 이십칠일二十七日

운芸아

※ 지금 화병에 꽂은 꽃잎 하나가 종이 위에 떨어집니다. 그대로 보냅니다.
   아침까지도 기차게 곱던 꽃이었는데 —

정운 이영도

애일당, 계명암 시실 방문 문인 육필

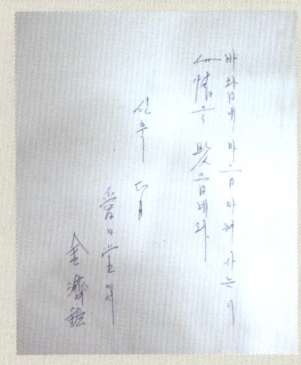
김제현 시조시인
(경기대학교 대학원장)

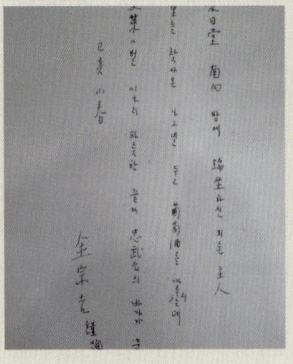
김종길 시인
(고려대학교 교수)

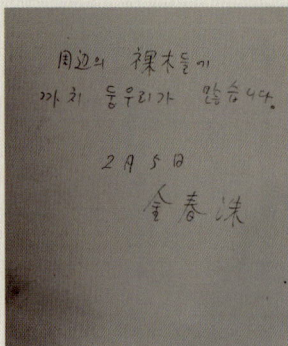
김춘수 시인
(경북대학교 교수)

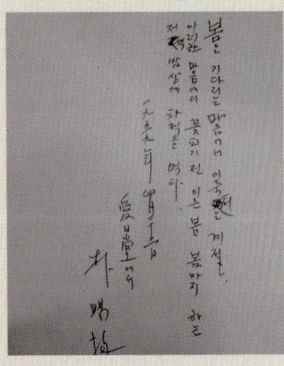
박양균 시인
(경북 예총회장)

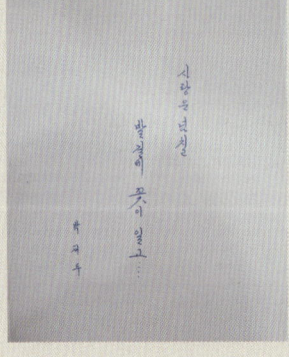
박재두 시조시인

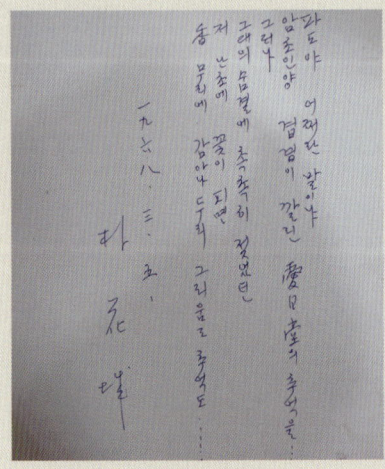
박화성 소설가

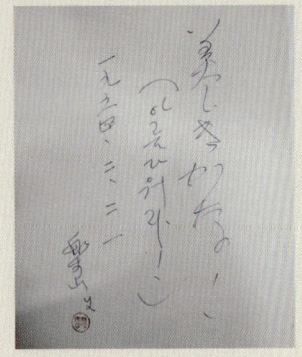
요산 김정한 소설가

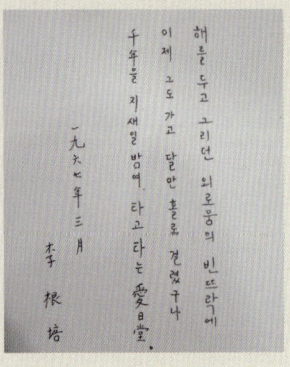
이근배 시조시인

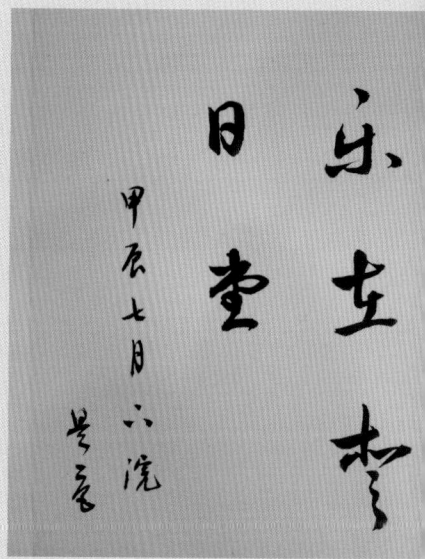

시암 배길기 서예가

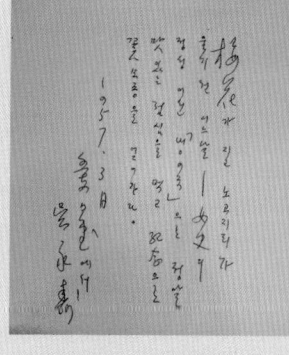

오영수 소설가

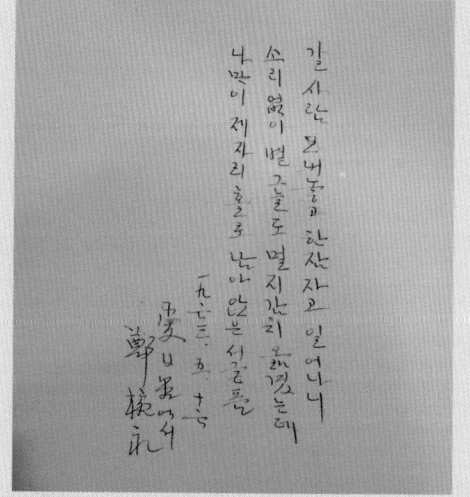

백수 정완영 시조시인

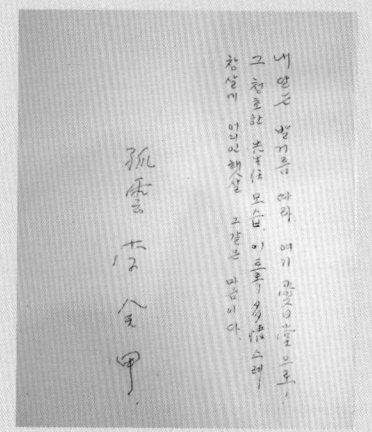

이금갑 시조시인

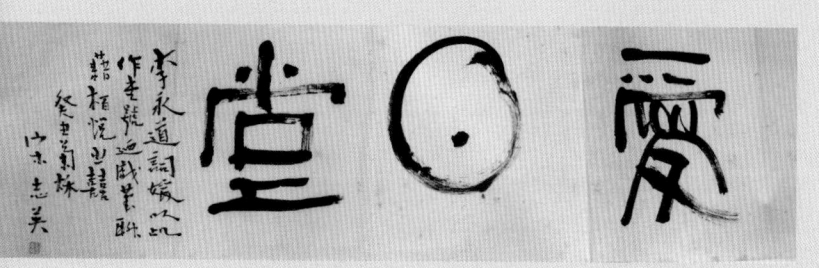

송지영 언론인

정운 이영도

애일당, 계명암 시실 방문 문인 육필

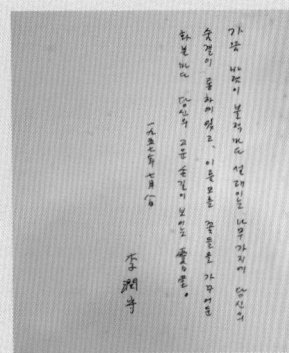

이윤수 시인
《죽순》 창간발행인

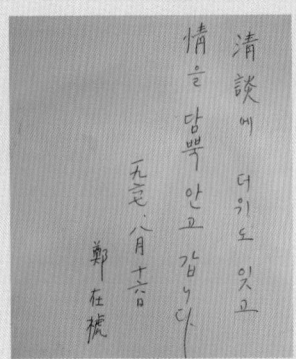

정재호 시조시인

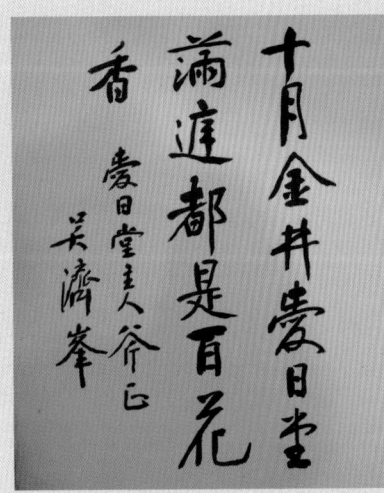

청남 오제봉 서예가

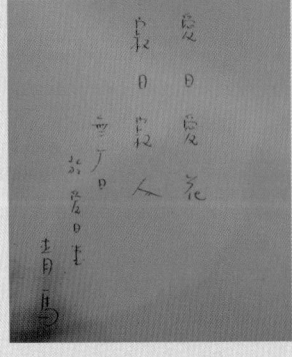

청마 유치환 시인

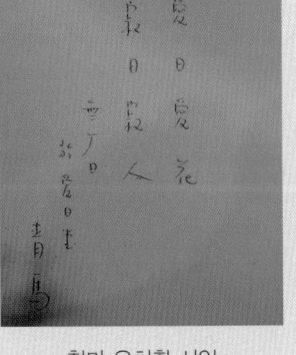

청마 유치환 시인

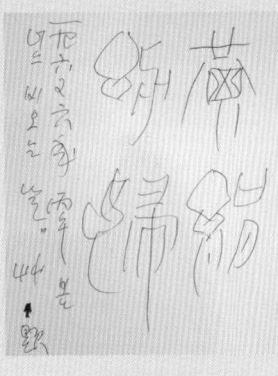

초정 김상옥 시조시인

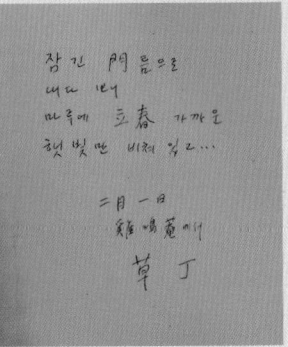

초정 김상옥 시조시인

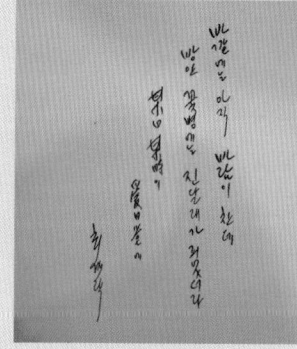
최계락 아동문학가

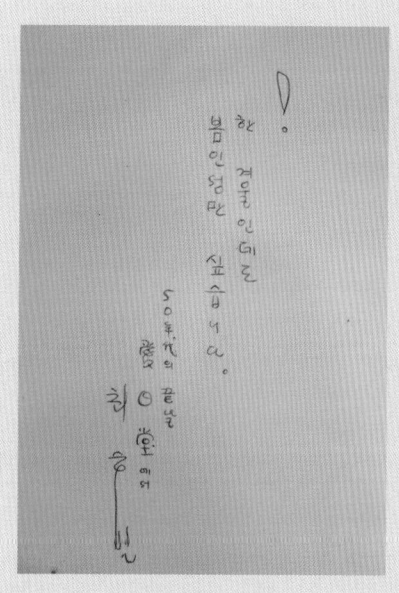
최승범 시조시인
(전북대학교 교수)

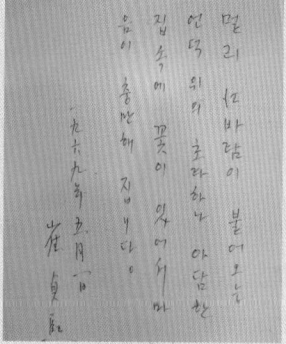
최정희 소설가

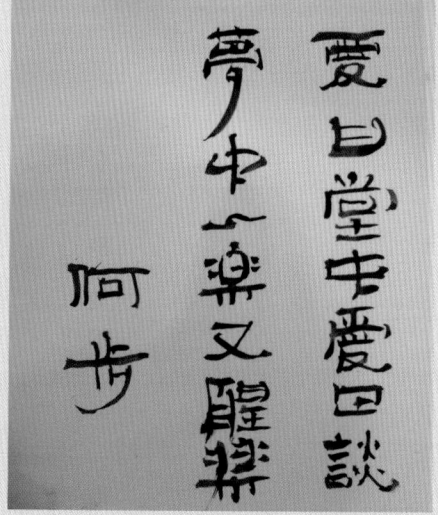
하보 장응두 시조시인

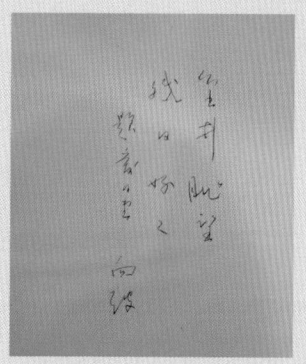
향파 이주홍 아동문학가

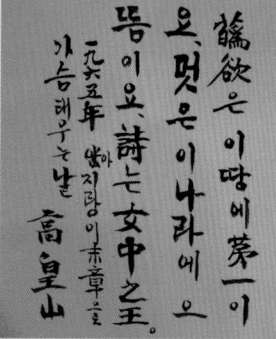
황산 고두동 시조시인

소장자료
문인 육필

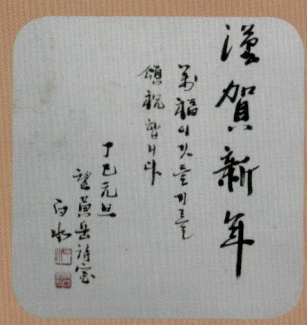

#시조 시인 육필
#이호우, 이영도 시인 육필
#자유시, 기타 문인 육필

문인 육필

시조 시인 육필

김기호 병풍 풍란

고정흠-시고

김상옥-간간완석동

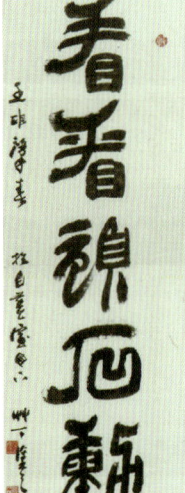

김남환-시고

김시습의 푸른 기침

김남환

한 가닥 생각을 타고 바람을 거슬러 가면
복사꽃 자욱히 드는 한필지 봄이 열려
극명한 임의 무지개 성금성금 다가온다

피물은 모반의 명에 눈물 뿌린 의안동께
목숨을 삭발하고 깊은 절망을 건너
청산을 걸어 잠그고 홀로 듦은 피리구멍

무시로 휘청거리는 창백한 강물 아래
불현듯 살아 서는 조선의 심줄 하나
두고간 푸른 기침소리 가슴깊이 울린다

김상옥-동노매한지실

김상옥-복숭아

노중석-행서

김어수-반야심경

고두동-농재

문인 육필

시조 시인 육필

박시교-시고

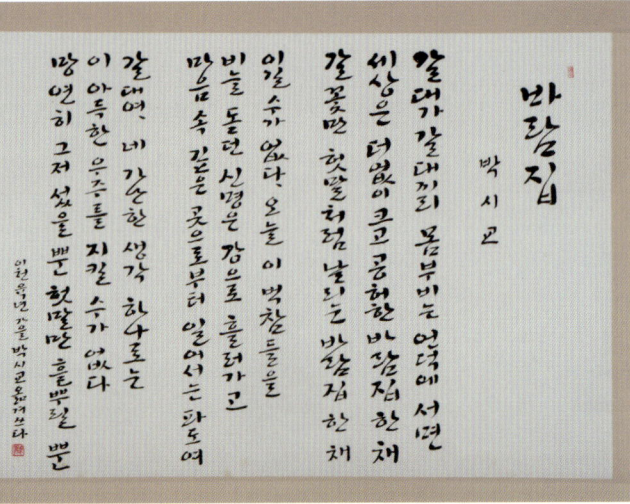

류상덕-시고

강둑에서

류 상 덕

몸채로 우는 법을 갈대숲이 일러준다
비울 만큼 비우면서 살았지만 또 남아서
깨어져 부서지는 절규 강물 위에 반짝인다.
이대로만 흘러갈 뿐 구불구불 돌아가자
부딪히면 살 찢기고 절망만이 남더라도
말없이 숨을 죽이는 노을 빛에 타게 하자.
새는 멀리 떠나가고 그 끝에 아득한 水平
내 소리 낮게 깔아 꿈틀대는 일 있어도
벼락은 제 풀에 꺾여 불지르지 못한다.

이상범-하일

민병도-장국밥

박재두-시화

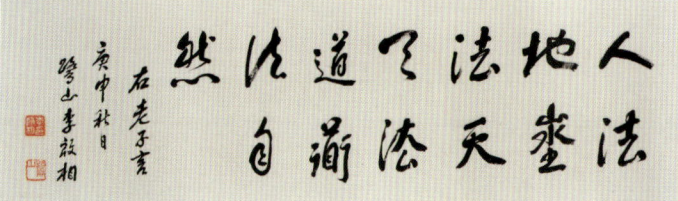

이은상-노자구

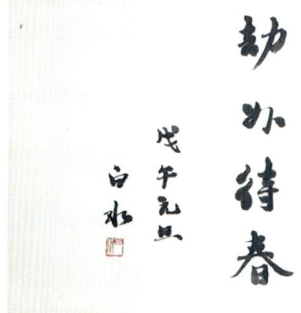

정완영-겁외대준

정훈-행서 대련

이상범-일식권

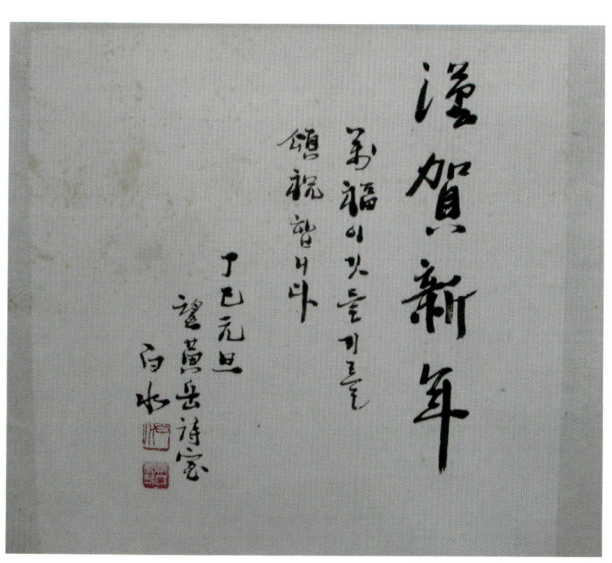

정완영-근하신년

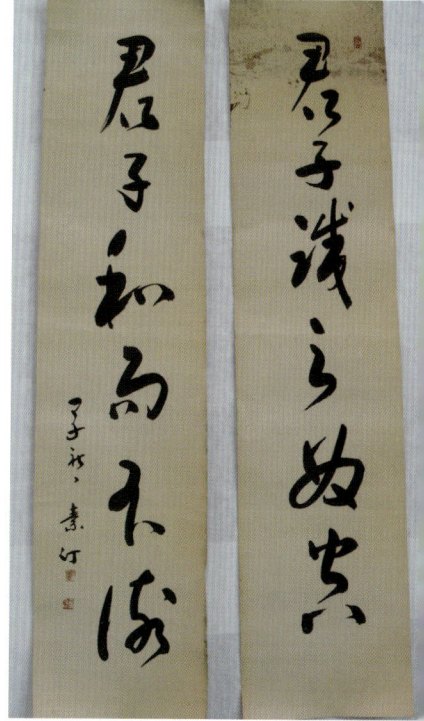

문인 육필

이호우, 이영도 시인 육필

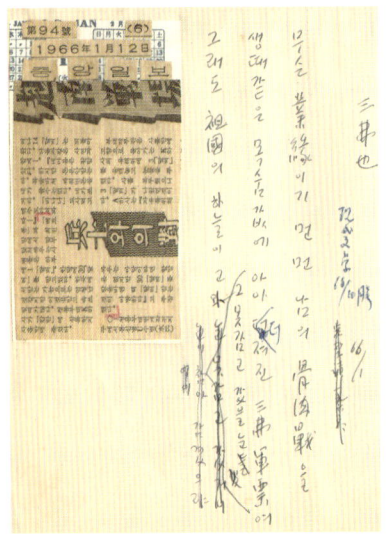

이호우 육필

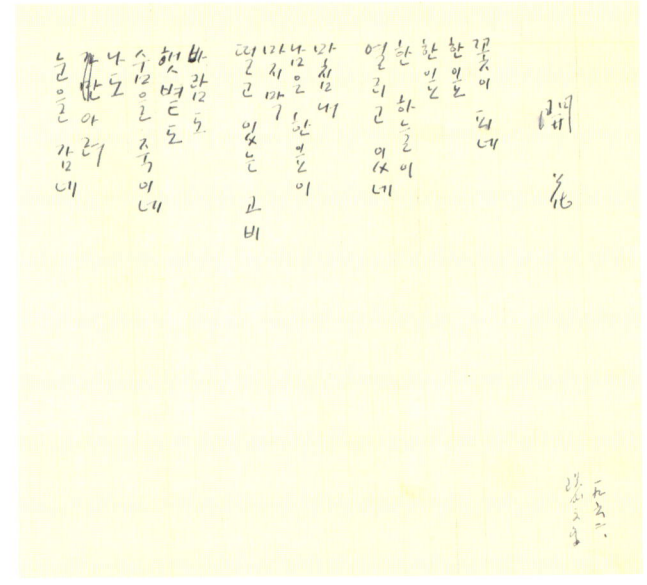

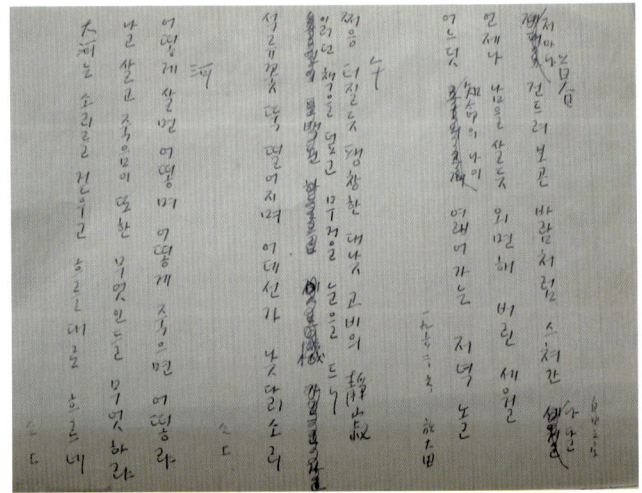

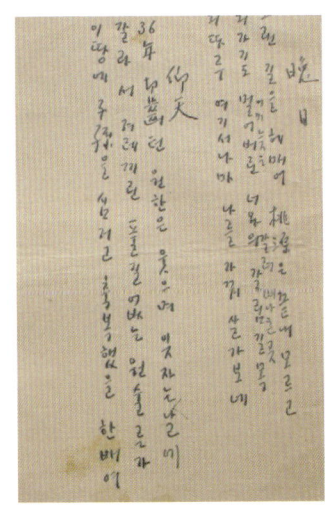

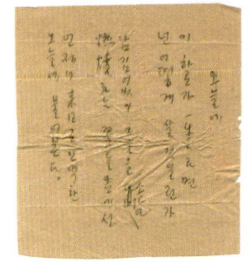

■ 단시조 한 편임에도
발표후 다시 고친 흔적을
볼 수 있다

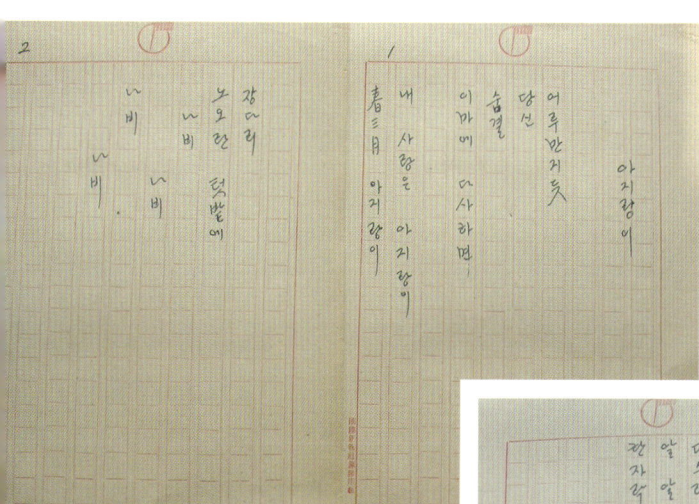
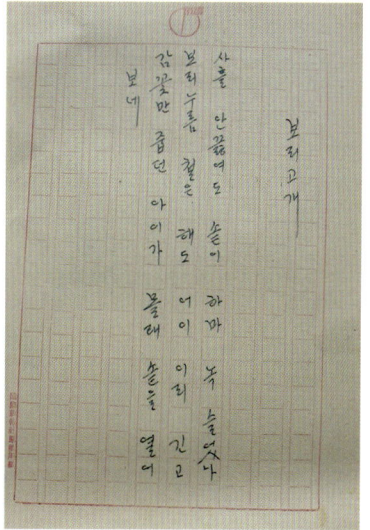
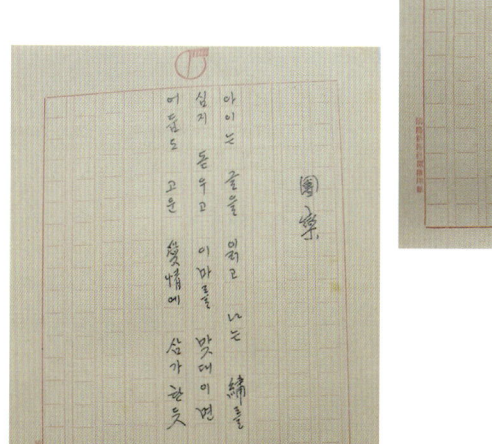
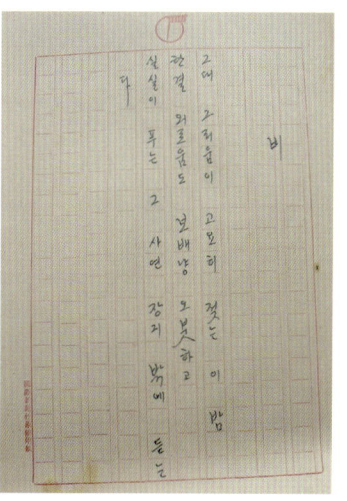

이영도 육필

문인 육필

자유시, 기타 문인 육필

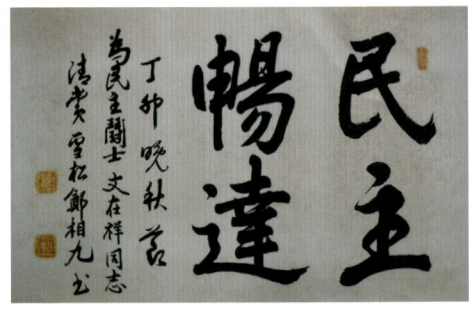
정상구 시인–민주창달

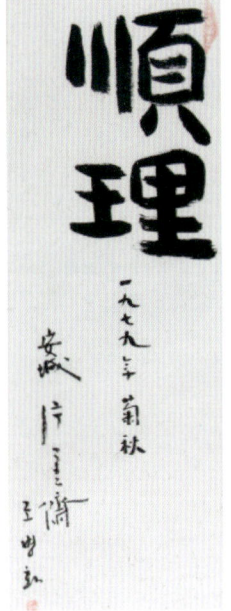

조병화–순리   안병욱 수필가–나의 인생시

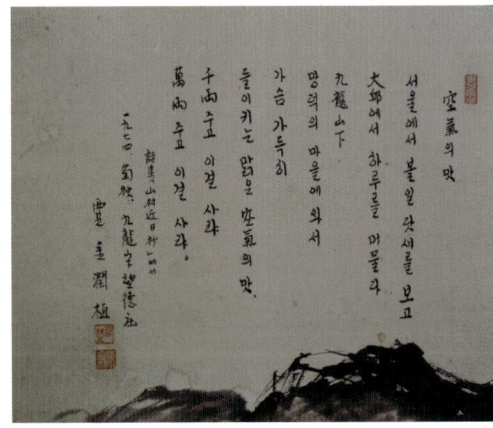
김관식–공기의 맛

심재완–시경

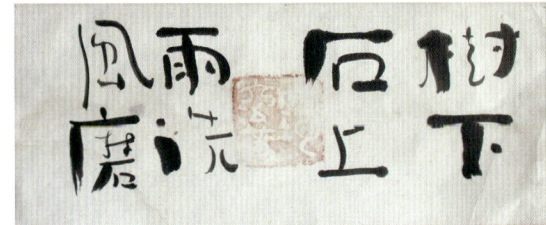

민병산–시고

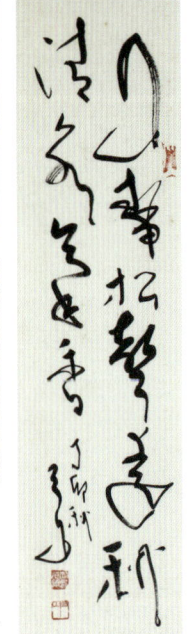
박두진–시고

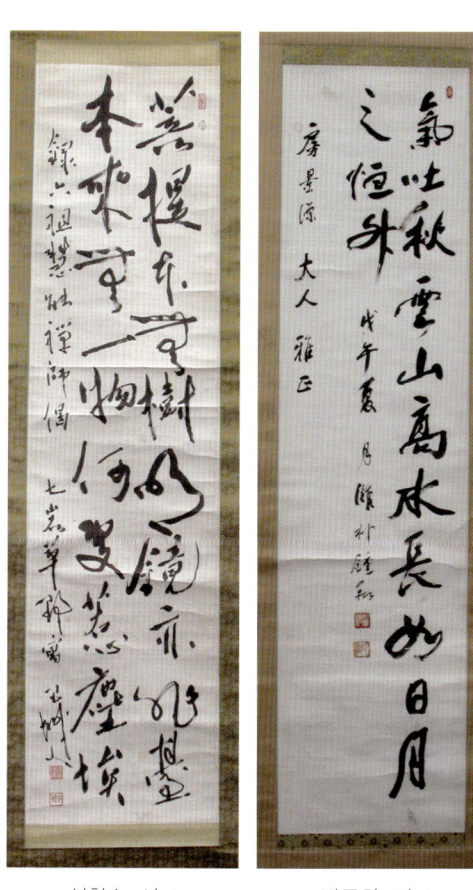

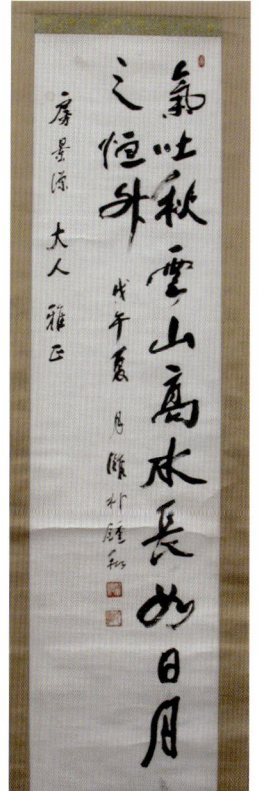

설창수-시고   박종화-시고

류안진-시고

이효상-안빈낙도

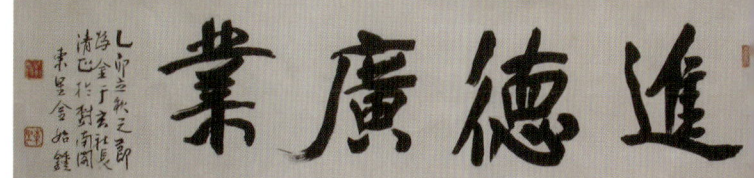

김동리-진덕광업

현곡 양중해-시고

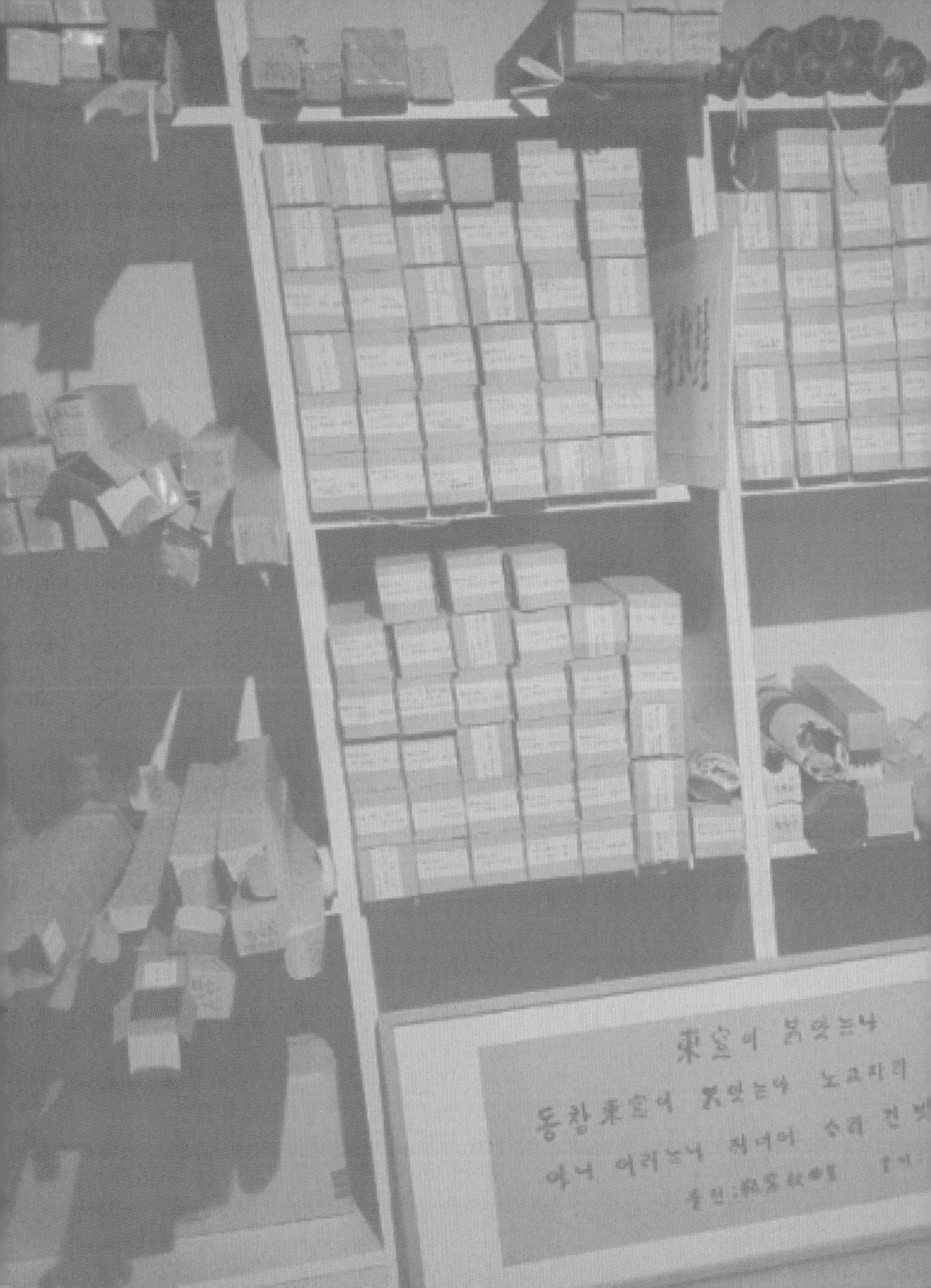

소장자료
주요 소장 시집

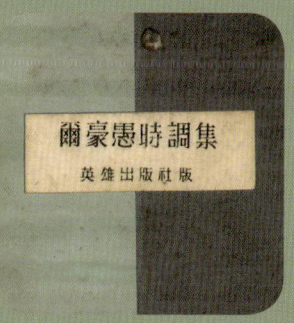

#이호우, 이영도 시인
#김상옥 시인
#정완영 시인
#심재완 박사
#주요 시조집
#자유시, 기타 소장 도서

주요 소장 시집

이호우 시인

이호우 시조집 『이호우시조집』
1955, 초판

이호우 시조집 『휴화산』
1968, 초판

이호우 시조해설집
『고금명시조정해』 1954, 초판

이호우 시조전집 2 『삼불야』
2012, 초판

이호우 영역 시조선집 『개화』
2018, 초판

이호우 시조선집 『개화』
2000, 초판

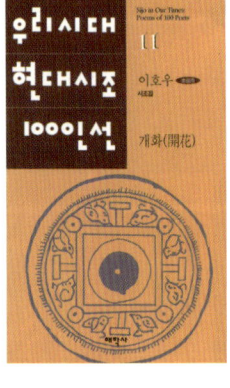
이호우 시조선집
『한 하늘이 열리고 있네』
2013, 초판

이호우 시조전집 1
『차라리 절망을 배워』
1992, 초판

들풀시조문학관

이영도 시인

이영도 시조집 『청저집』
1954, 초판

이영도 시조집 『석류』
1968, 초판

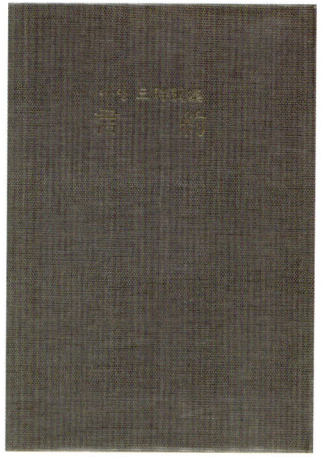

이영도 유고시조집 『언약』
1976, 초판

이영도 수필집 『춘근집』
1960, 초판

이영도 수필집
『머나먼 사념의 길목』
1971, 초판

이영도 수필집
『비둘기 내리는 뜨락』
1966, 초판

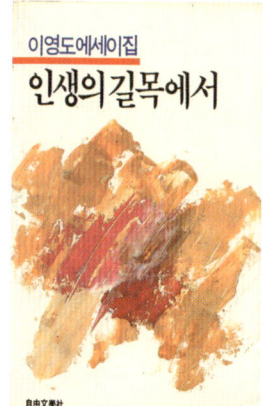

이영도 수필집
『인생의 길목에서』
1986, 초판

이영도 유고 수필집
『나의 그리움은 오직 푸르고 깊은 것』
1976, 초판

들풀 시조 문학관

주요 소장 시집

이영도 시인

이영도 수상집
『그리운 이 있어 내 마음 밝아라』
1986, 초판

이영도 시조전집
『보리고개』 2006, 초판

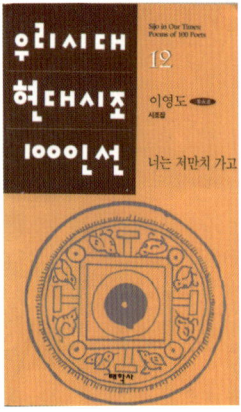

이영도 시조선집
『너는 저만치 가고』
2000, 초판

이영도 시조선집
『외따로 열고』 2013, 초판

이영도 육필시조집 『석류』
2016, 초판

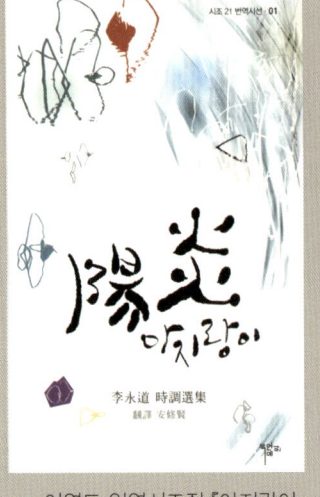

이영도 일역시조집 『아지랑이』
2016, 초판

이영도 평전 1-조현경
1984, 초판

이영도 평전 2-박옥금
2001, 초판

46 들풀시조문학관

김상옥 시인

동시조집 『석류꽃』 1952, 초판

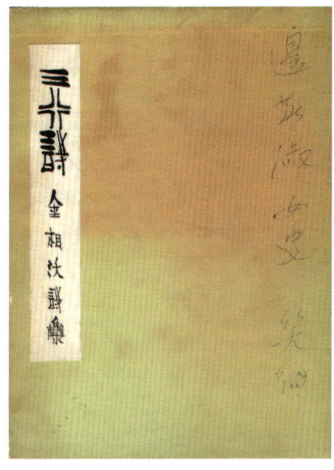
시조집 『삼행시』 1973, 초판

시조집 『삼행시』 1975, 3판

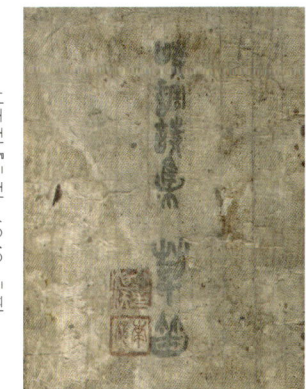
시조집 『초적』 1946, 초판

시집 『묵을 갈다가』 1980, 초판

시집 『의상』 1953, 초판

시집 『목석의 노래』 1956, 초판

산문집 『시와 도자』 1975, 초판

주요 소장 시집

김상옥 시인

시조선집 『촉촉한 눈길』
2001, 초판

시조집 『느티나무의 말』
1998, 초판

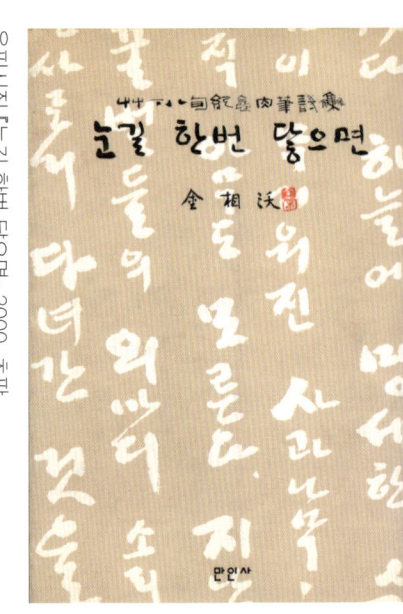

육필시집 『눈길 한번 닿으면』 2000, 초판

김상옥 평전 『그 뜨겁고 아픈 경치』
2005, 초판

김상옥 시화집 『향기 남은 가을』
1989, 초판

유작전 도록 2005, 초판

미술전 도록 1976

들풀시조문학관

정완영 시인

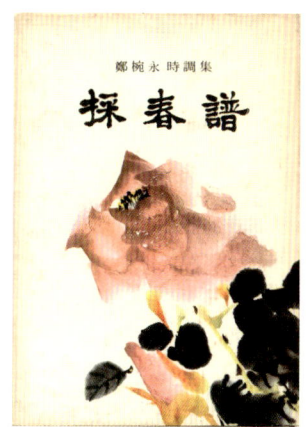
시조집 『채춘보』
1969, 초판

시조집 『묵로도』
1971, 초판

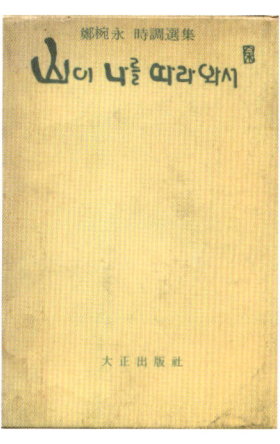
시조선집 『산이 나를 따라와서』
1976, 초판

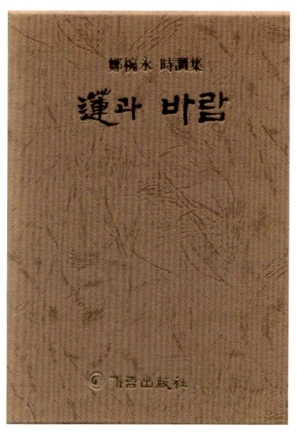
시조집 『연과 바람』
1984, 초판

시조집 『난보다 푸른 돌』
1990, 초판

시조집 『오동잎 그늘에 서서』
1994, 초판

시조집 『이승의 등불』
2001, 초판

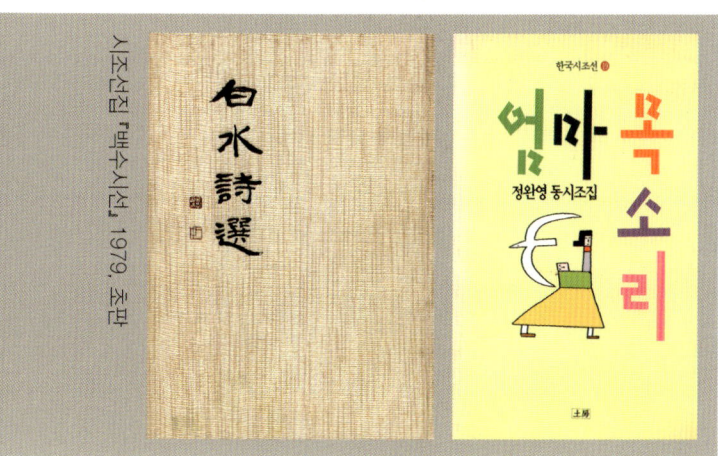
시조선집 『백수시선』 1979, 초판

동시조집 『엄마 목소리』
1998, 초판

주요 소장 시집

정완영 시인

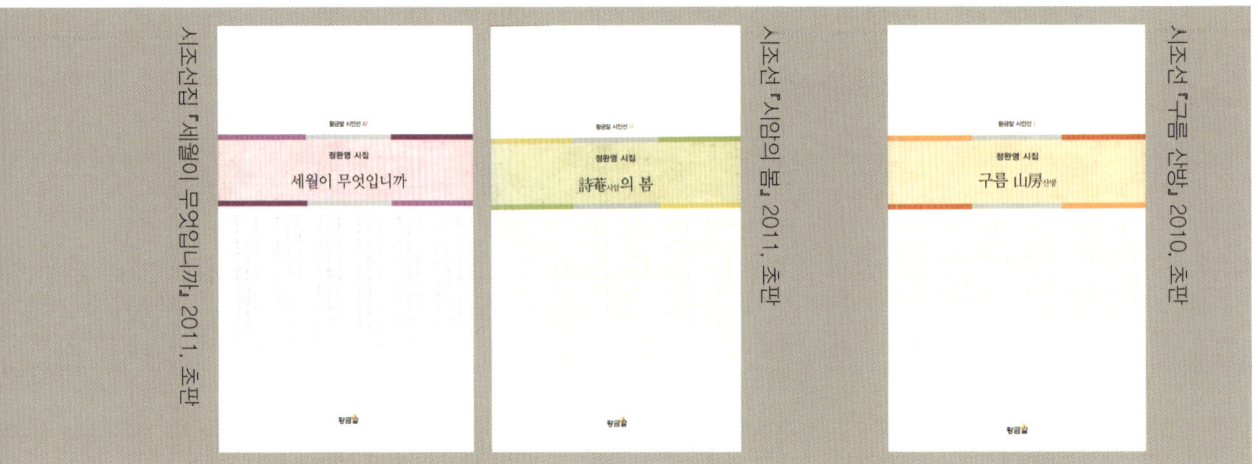

고희기념 사화집
1989, 초판

동시조집 『꽃가지를 흔들듯이』
1979, 초판

수상집 『나뷔야 청산 가자』
1995, 초판

산문집 『다홍치마에 씨 받아라』
1981, 초판

들풀시조문학관
정완영 시인

정완영 시조안내서 『시조산책』
1985, 초판

정완영 시조안내서 『시조작법』
1981, 초판

정완영 시조안내서 『고시조 감상』
1983, 초판

시조전집 『노래는 아직 남아』 2006, 초판

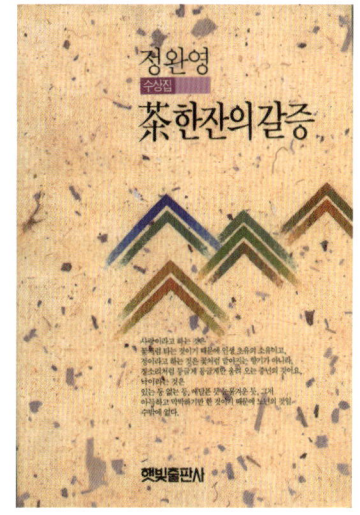
수상집 『차 한 잔의 갈증』
1992, 초판

정완영 일기집 『하늘 구만리』
2003, 초판

시조집 『내 손녀 연정에게』 2005, 초판

주요 소장 시집

심재완 시조연구학자

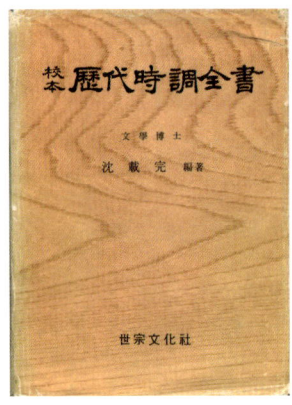
교본 『역대시조대전』 1972, 초판

정본 『시조대전』 1984, 초판

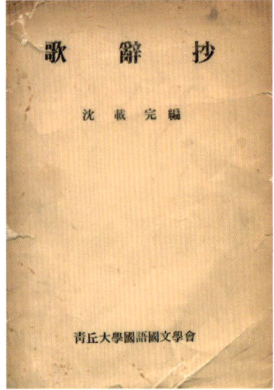
연구서 『가사초』 1970(?), 초판

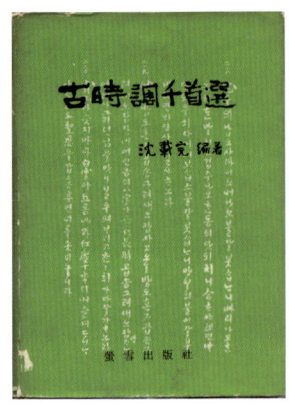
『고시조천수선』 1969, 초판

『시조논총』 1978

『시조의 문헌적 연구』 1972, 초판

『월인석보』 1991, 초판

『한국의 관모』 1972, 초판

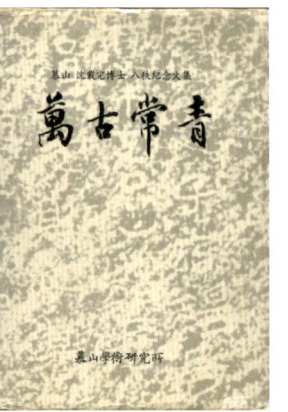
팔질기념문집 『만고상청』 1998, 초판

주요 소장 시조집

사계사-변학규 시조집
1964, 재판

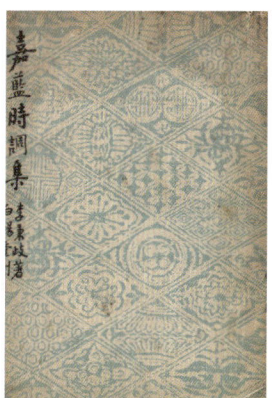
가람시조집-이병기
1939, 초판

가을 입문-이상범 시조집
1976, 초판

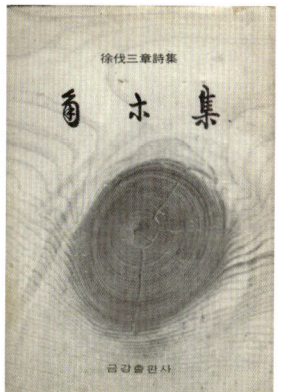
각목집-서벌 시조집
1971, 초판

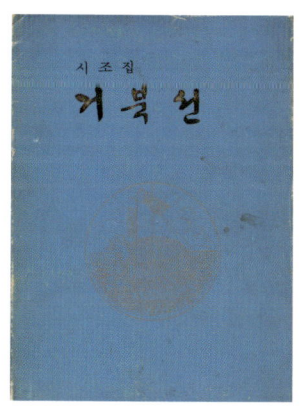
거북선-정치인 시조집
1971, 초판

겨울비망록-송선영 시조집
1979, 초판

골고타-하한주 시조집
1958, 초판

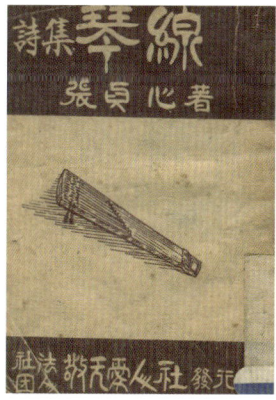
금선-장정심 시조집
1957, 4판

기원-이은상 시조집
1982, 초판

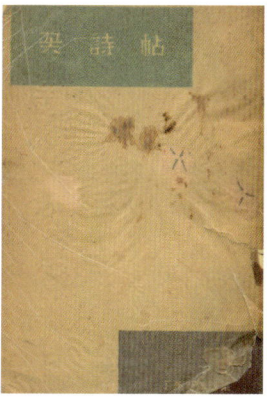
꽃시첩-정훈 시조집
1960, 초판

꽃과 여인-이태극 시조집
1970, 초판

꽃씨 뿌리는 마음-정완제 시조집 1976, 초판

주요 소장 시집

주요 소장 시조집

낙강 창간호 1967, 초판

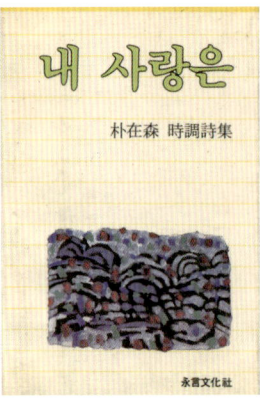
내 사랑은-박재삼 시조집
1985, 초판

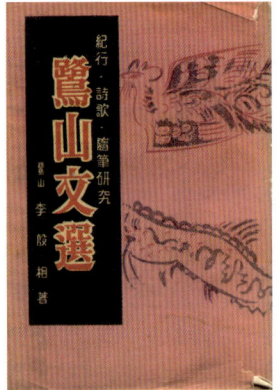
노산문선-이은상 시조집
1958, 초판

노산시조집-이은상 시조집
1932, 초판

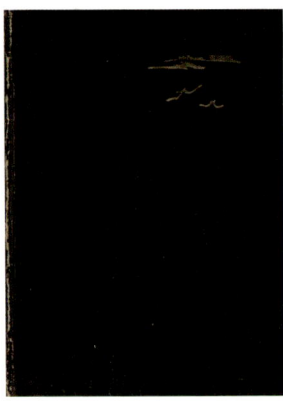
노산시조선집-이은상 시조집
1958, 초판

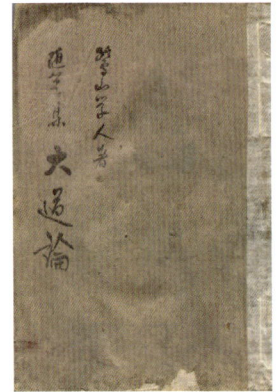
대도록-이은상 수필집
1947, 초판

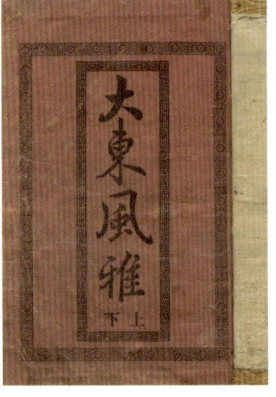
대동풍아-김교헌 편집
1908, 초판

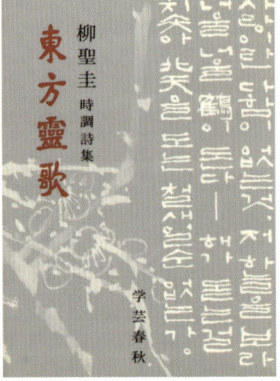
동방연가-유성규 시조집
1985, 초판

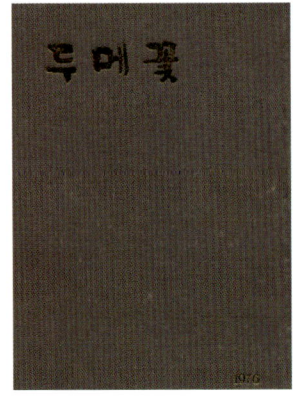
두메꽃-정정문 시조집 1976, 초판

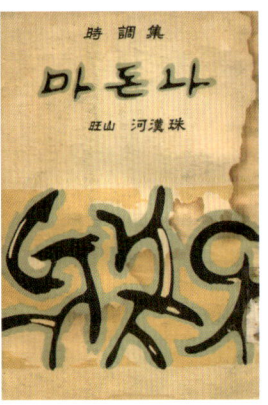
마돈나-하한주 시조집
1960, 초판

묵계-장순하 시조집
1974, 초판

묵란-이복숙 시조집
1976, 초판

주요 소장 시조집

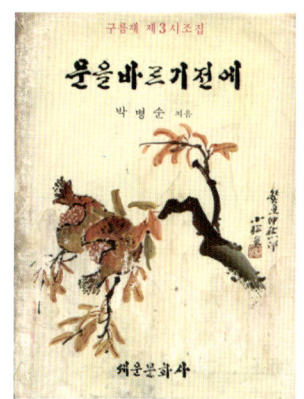

문을 바르기전에
박병순 시조집 1973, 초판

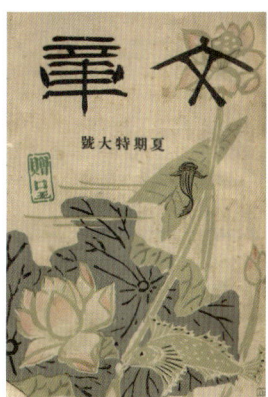

문장-1940년
1940, 초판

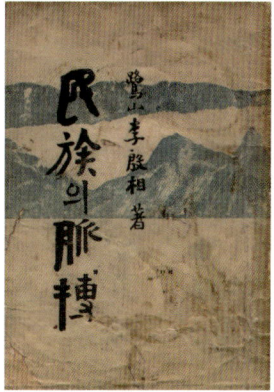

민족의 맥박-이은상 산문집
1951, 초판

백모란 곁에서-류상덕 시조집
1977, 초판

백색부-장순하 시조집
1968, 초판

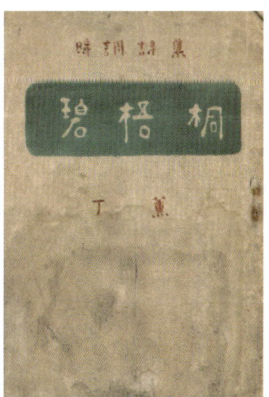

벽오동-정훈 시조집
1955, 초판

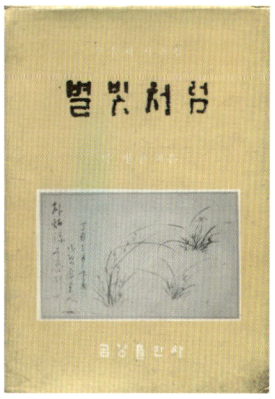

별빛처럼-박병순 시조집
1971, 초판

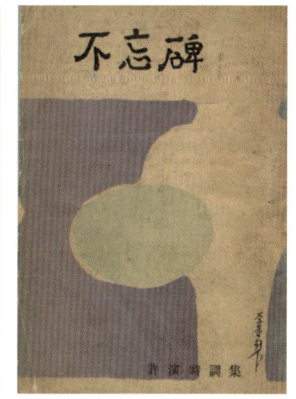

불망비-허연 시조집
1956, 초판

사십이장-김준 시조집
1966, 초판

서울 한낮-한분순 시조집
1987, 초판

설청-최승범 시조집
1970, 초판

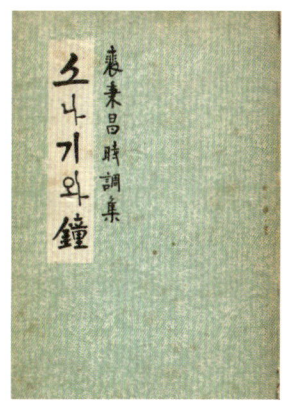

소나기와 종-배병창 시조집
1960, 초판

주요 소장 시집

주요 소장 시조집

소정시초–서정봉 시조집
1953, 초판

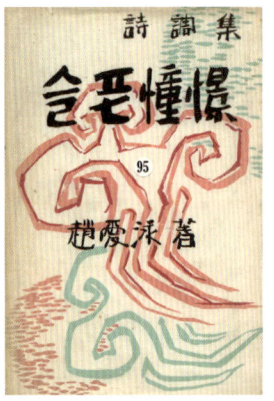
슬픈 동경–조애영 시조집
1958, 초판

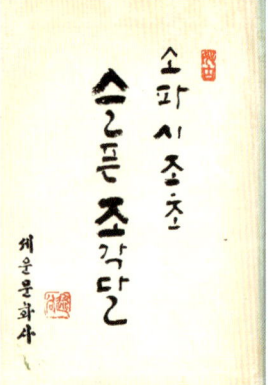
슬픈 조각달–정소파 시조집
1974, 초판

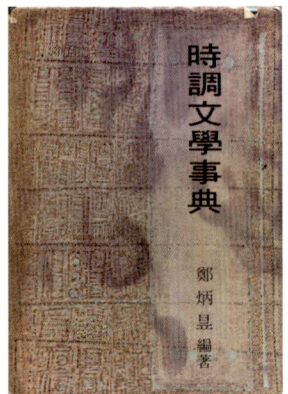
시조문학사전–정병욱
1966, 초판

시조집–김오남 시조집
1953, 초판

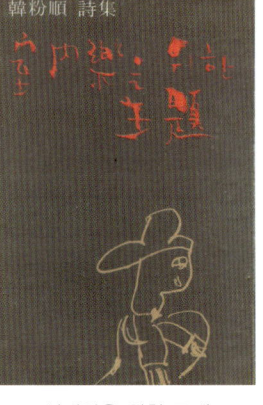
실내악을 위한 주제
한분순 시조집 1979, 초판

심영–김오남 시조집
1956, 초판

애타는 밤–양상경 시조집
1964, 초판

야화집–이은상 시와 수필집 1942, 초판

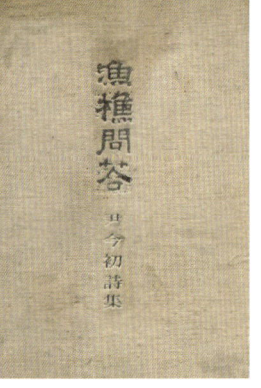
어초문답–윤금초 시조집
1977, 초판

여운의 낙서–최승범 수필집
1973, 초판

여정–김오남 시조집
1960, 초판

들풀시조문학관
주요 소장 시조집

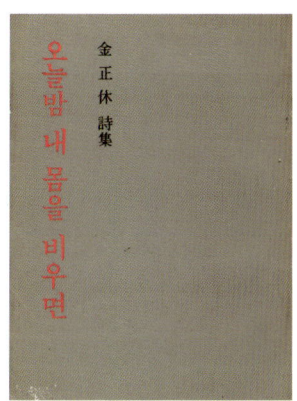
오늘밤 내 몸을 비우면
김정휴 시조집 1978, 초판

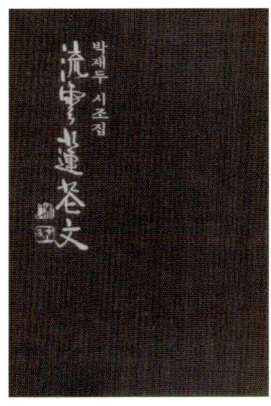
유운연화문–박재두 시조집
1978, 초판

은어–최성연 시조집
1955, 초판

이복숙 시조집
1966, 초판

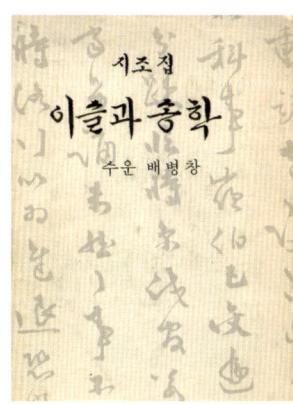
이슬과 송학–배병창 시조집
1975, 초판

일식권–이상범 시조집
1967, 초판

자정의 지구–조종현 시조집
1969, 초판

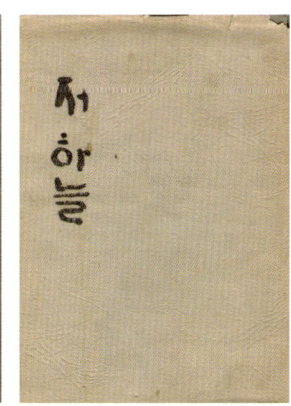
저 하늘–정기환 시조집
1974, 초판

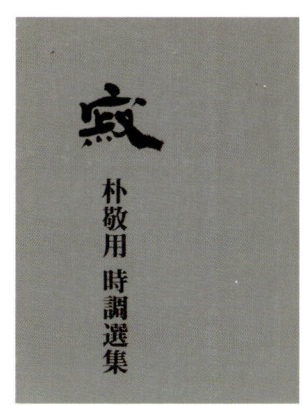
적–박경용 시조선집
1985, 초판

전원–조재억 시조집
1974, 초판

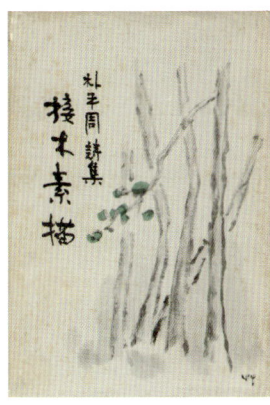
접목 소묘–박평주 시조집
1974, 초판

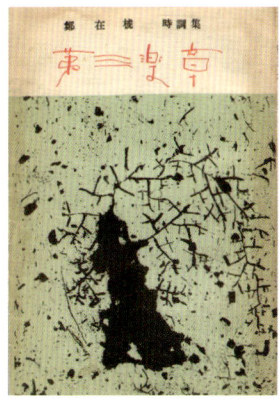
제3악장–정재호 시조집
1966, 초판

주요 소장 시집

주요 소장 시조집

조국강산–이은상 수상집
1974, 초판

조국강산–이은상 시가집
1954, 초판

종루–이우출 시조집
1970, 초판

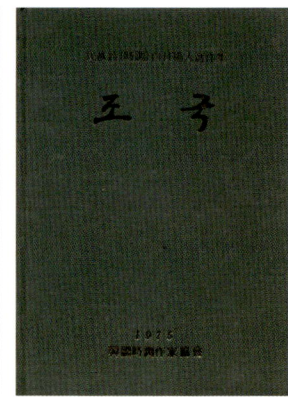
제1회 민족시백일장 수상작집
1975, 초판

증보 가곡원류
1943, 초판

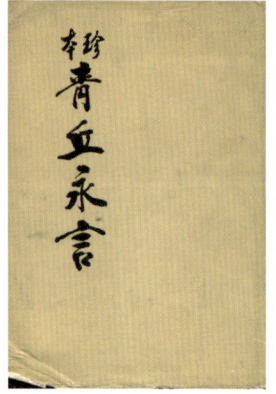
진본 청구영언
1957, 초판

짚신 사랑–오동춘 시조집
초판

청산곡–임종찬 시조집
1974, 초판

추강산조–김시백 시조집
1974, 초판

추국–박상류 시조집
1975, 초판

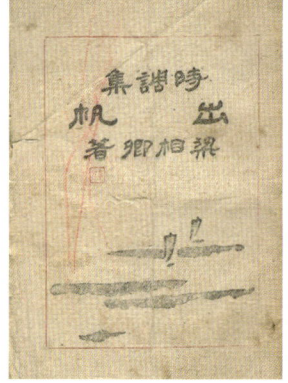
출범–양상경 시조집
1947, 초판

주요 소장 시조집

태양의 노래-하한주 시조집
1964, 초판

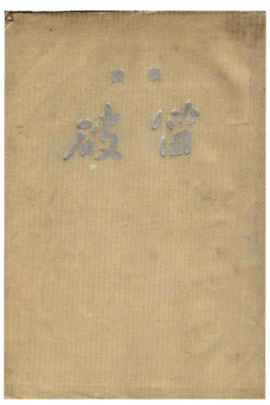
파적-정훈 시집
1954, 초판

파종기-김상훈 시조집
1977, 초판

하늘환상곡-김호길 시조집
1977, 초판

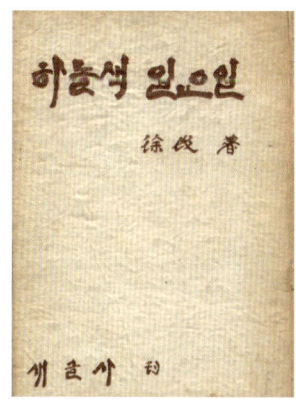
하늘색 일요일-서벌 시조집
1961, 초판

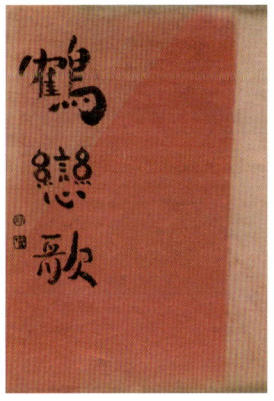
학연가-이월수 시조집
1973, 초판

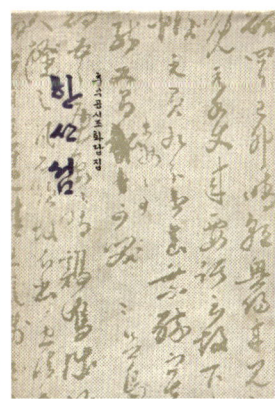
한산섬-충무공시조화답집
1970, 초판

한야보-장응두 시조집
1972, 초판

항아리-배병창 시조집
1965, 초판

형산강-김해성 시조집
1969, 초판

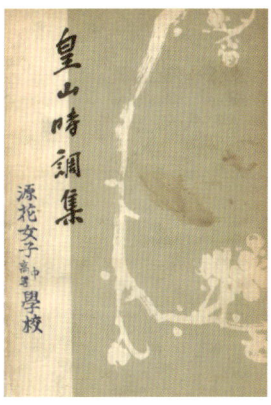
황산시조집-고두동
1963, 초판

주요 소장 시집

주요 시집, 기타

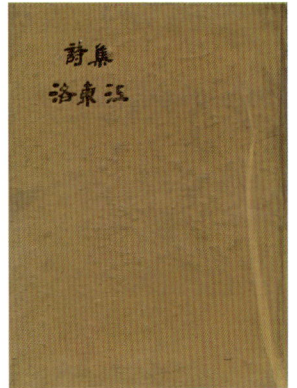
낙동강–전상열 시집
1971, 초판

날이 갈수록–박훈산
1958, 초판

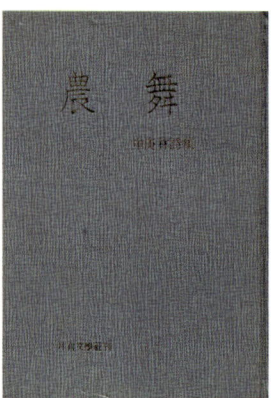
농무–신경림 시집
1973, 초판

남한강–신경림 시집
1987, 초판

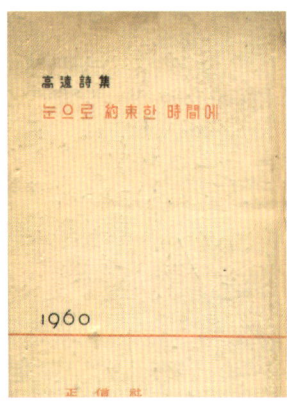
눈으로 약속한 시간에
고원 시집 1971, 초판

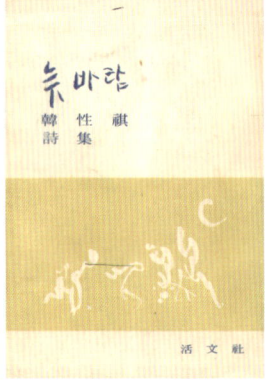
늦바람–한성기 시집
1979, 초판

다시 장강처럼–송하경 시집
1970, 초판

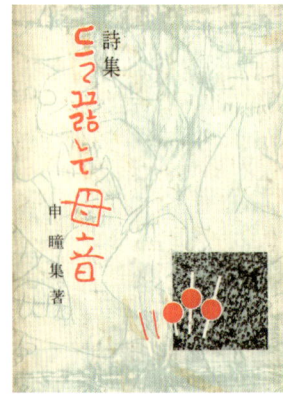
들끓는 모음–신동집 시집
1965, 초판

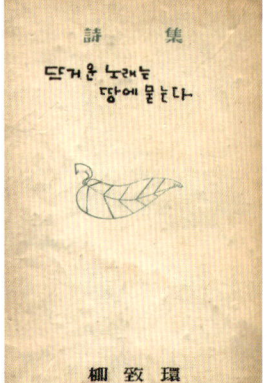
뜨거운 노래는 땅에 묻는다
유치환 시집 1960, 초판

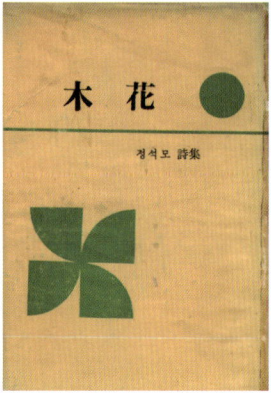
목화–정석모 시집
1970, 초판

문–홍성문 시집
1955, 초판

주요 시집, 기타

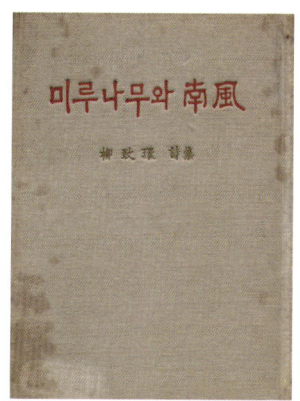
미루나무와 남풍-유치환 시집
1964, 초판

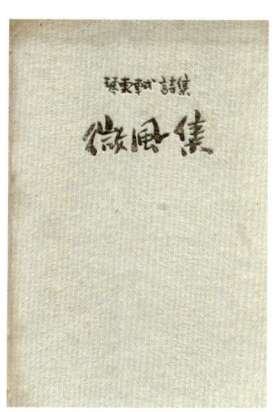
미풍집-금동식 시집
1983, 초판

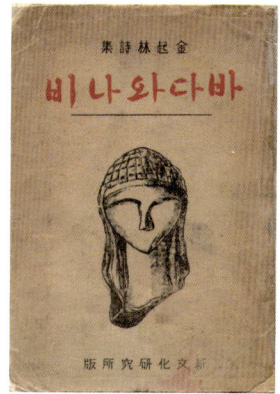
바다와 나비-김기림 시집
1946, 초판

박훈산 시선집
1976, 초판

보리피리-한하운 시집
1955, 초판

불빛 하나-박방희 시집
1987, 초판

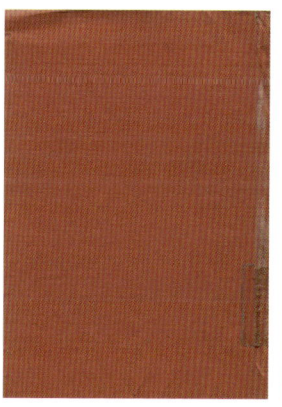
빈 콜라병-신동집 시집
1968, 초판

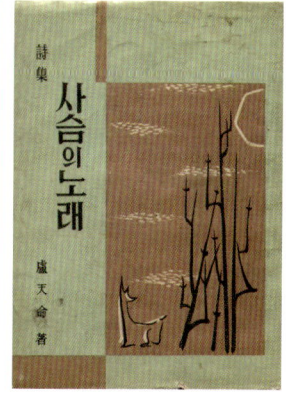
사슴의 노래-노천명 시집
1958, 초판

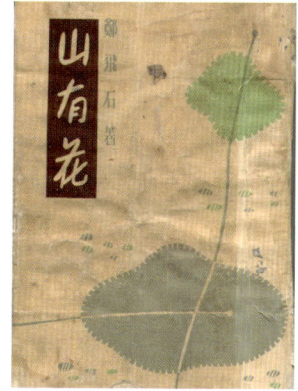
산유화-정비석 소설집
1959, 초판

상화와 고월-백기만
1954, 재판

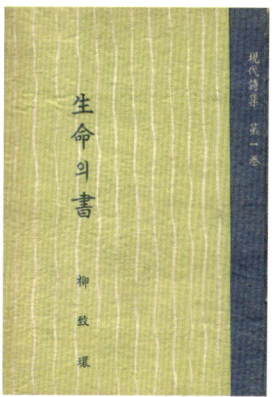
생명의 서-유치환 시집
1957, 3판

주요 소장 시집

주요 시집, 기타

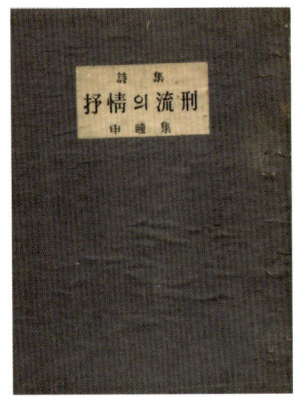
서정의 유형–신동집 시집
1955, 재판

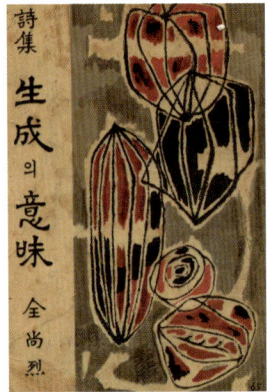
생성의 의미–전상열 시집
1965, 초판

서쪽의 풍경–권기호 시집
1970, 초판

석상의 노래–이재철 시집
1961, 초판

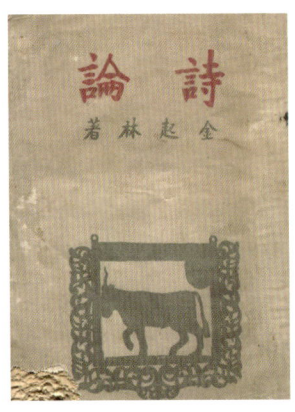
시론–김기림 평론집
1948, 재판

시간의 숙소를 더듬어서
조병화 시집 1964, 초판

시사시대–김종문 시집
1955, 초판

시와 사랑–박두진 시집
1960, 초판

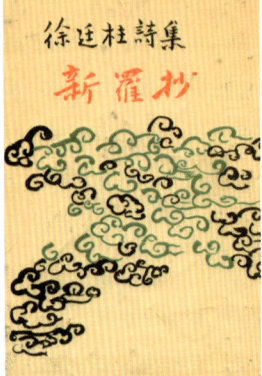
신라초–서정주 시집
1961, 초판

신록서정–전상열 시집
1969, 초판

어른에겐 어려운 시
박경용 동시집 1969, 초판

주요 시집, 기타

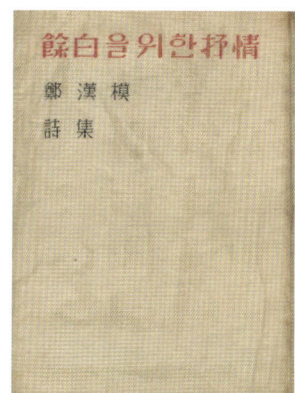
여백을 위한서정-정한모 시집
1959, 초판

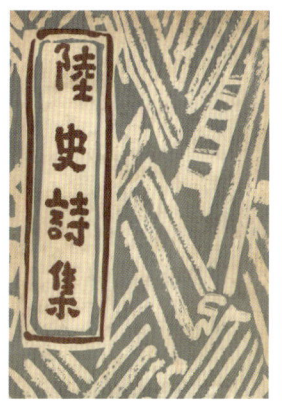
육사시집-이육사 시집
1956, 초판

인간온실-이윤수 시집
1960, 초판

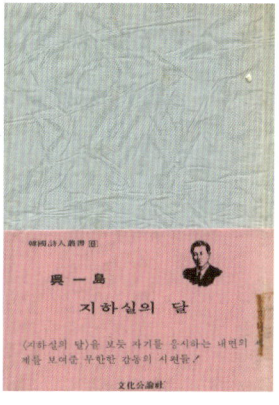
지하실의 달-오일도 시집
1977, 초판

청자부-박종화 시집
1946, 초판

체중-김요섭 시집
1954, 초판

춘향이 마음-박재삼 시집
1962, 초판

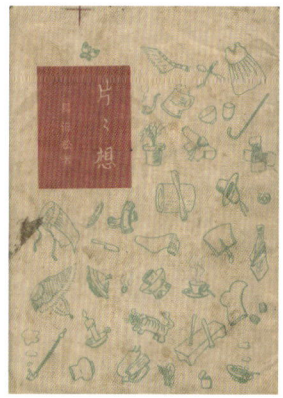
편편상-마해송 수필집
1948, 초판

하오 한시-전상열 시집
1959, 초판

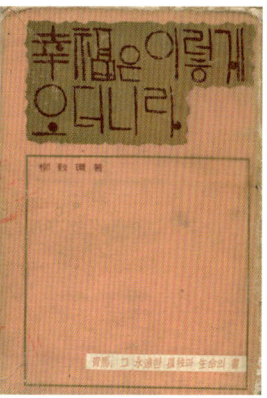
행복은 이렇게 오더니라
유치환 산문집 1967, 초판

소장자료
문화재청 지정 도서

#근대문화유산 소장 도서
#시조 수록 고서

근대문화유산 소장 도서
문화재청 지정 23권

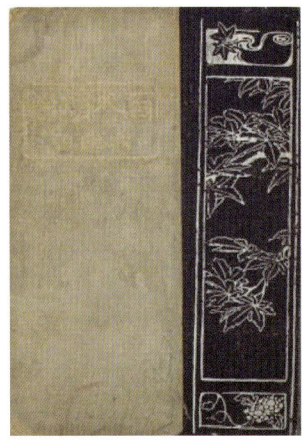

백팔번뇌
(최남선/ 지정번호 32, 1926)

노산시조집
(이은상/ 지정번호 47, 1932)

금선
(장정심/ 지정번호 51, 1939)

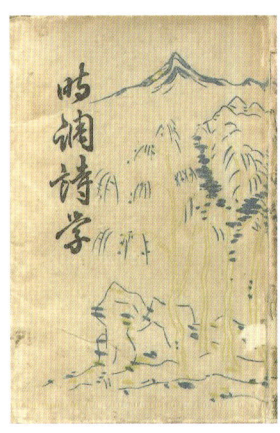

시조시학
(안자산/ 지정번호 81, 1940)

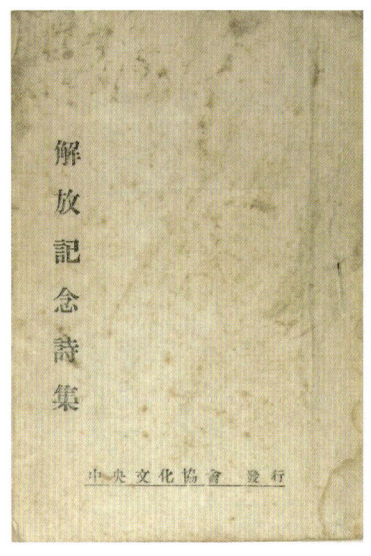

해방기념시집
(지정번호 89, 1945)

육사시집
(이육사/ 지정번호 96, 1946)

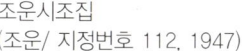

조운시조집
(조운/ 지정번호 112, 1947)

맥
(김남천 창작집/ 지정번호 101, 1047)

이양하수필집
(이양하/ 지정번호 106, 1047)

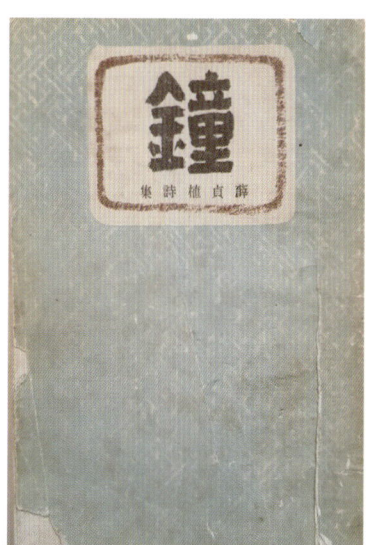
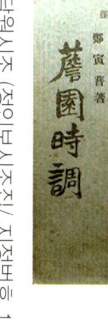

조선신문학사조사
(백철/ 지정번호 127, 1948)

종
(설정식시집/ 지정번호 113, 1947)

담원시조 (정인보시조집/ 지정번호 122, 1948)

근대문화유산 소장 도서

문화재청 지정 23권

한하운시초
(한하운/ 지정번호 134, 1949)

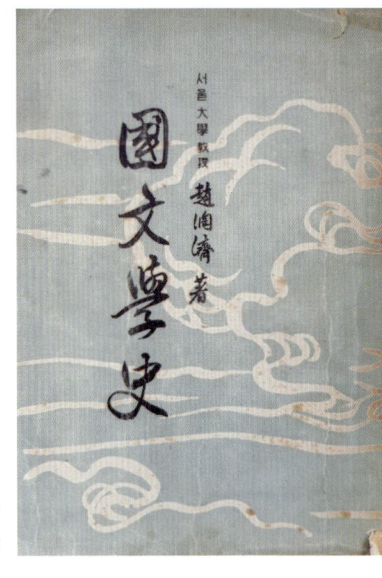

국문학사
(조윤제/ 지정번호 136, 1949)

학마을사람들
(이범선/ 지정번호 140, 1953)

청저집
(이영도시조집/ 지정번호 143, 1954)

나비와 광장
(김규동시집/ 지정번호 146, 1955)

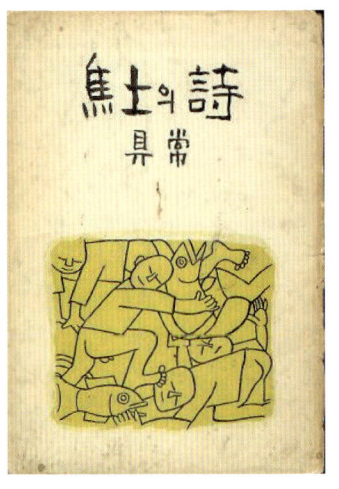

초토의 시
(구상시집/ 지정번호 148, 1956)

저항의 문학
(이어령평론집/ 지정번호 155, 1959)

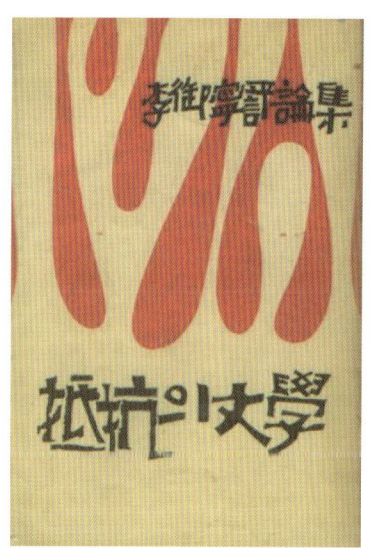

카오스의 사족
(정한모시집/ 지정번호 152, 1958)

흑산도
(전광용소설집/ 지정번호 153, 1959)

거미와 성좌
(박두진시집/ 지정번호 160, 1962)

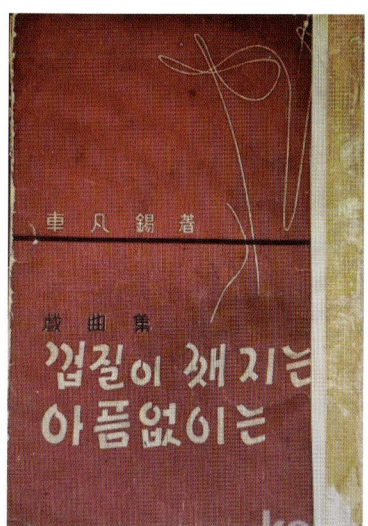

껍질이 째지는 아픔 없이는
(차범석희곡집/ 지정번호 157, 1960)

희귀 고서
시조가 실린 주요 소장 고서

도산 십이곡─퇴계 이황─단책

노계집─노계 박인로─2권

어부가─농암 이현보─단권

박촌 선생실기─박촌 홍회─단권

70 들풀시조문학관

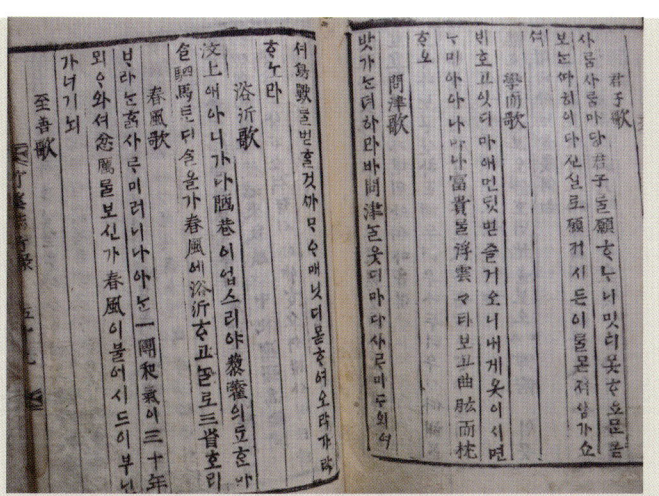

죽계지-모음 시조-단권

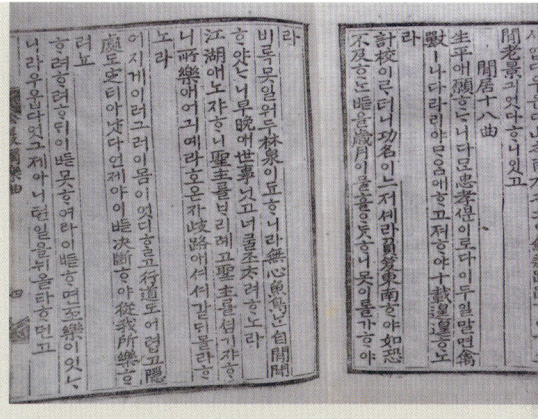

송암집-송암 권호문의 〈한거18곡〉-4권

해암집- 해암 김응정-단권

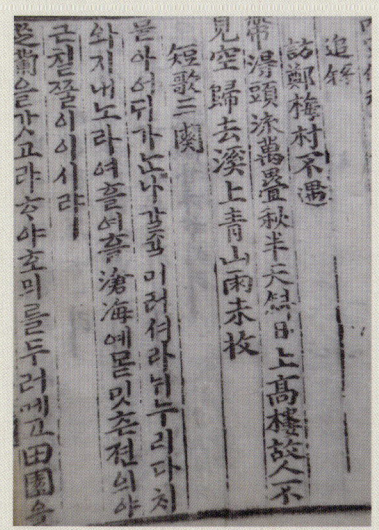

개암 선생 문집-개암 강익 시조 3수-단권

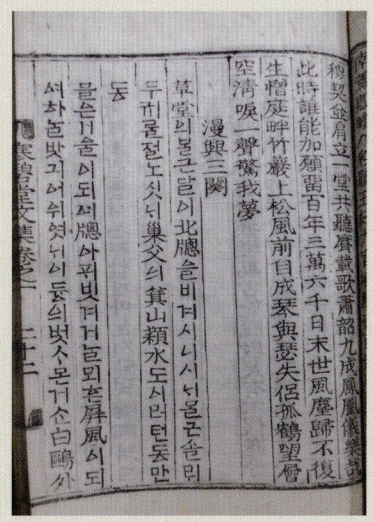

한벽 선생 문집-시조 3수가 실림-단권

시조의 나라, 시조문학관
축 율풀시조문학관 개관

호 2시 | 들풀시조문학관

시조 칼럼

#민병도의 시조 칼럼

시조 칼럼

《시조21》 28집 권두칼럼

시조는 지금 안녕하신가

지난 1990년 필자를 포함한 〈오류동인〉들이 발행한 동인지 6집 『아무도 절망을 향하여 손을 내밀지 않는다』에는 '오늘의 시조를 진단한다'라는 기획 특집이 실려 있다. '-절망을 향한 다섯 개의 백서白書'라는 부제가 붙은 이 기획물에는 ① 등단 작품의 질적 수준과 심사과정의 문제점을 지적한 노중석의 '현대시조의 황폐화' ② 시조의 비평 문제를 지적한 문무학의 '시조 비평의 걸림돌과 디딤돌' ③ 동인활동의 부진과 개선책을 강조한 민병도의 '현실외면과 시의식 결여' ④ 표절작품과 시의식 부재를 지적한 박기섭의 '표절문학, 그 혼돈의 수렁' ⑤ 시조문학상의 운영에 일침을 가한 이정환의 '시조문학상에 관한 소고'가 실려 있다.

'~진단한다'고 적시한 표제에서 느낄 수 있듯이 하나 같이 당시의 시조단에 드리워져 있던 부정적인 모습들을 실명까지 공개하며 들추어내었다. 경우에 따라서는 '진단'에 그치지 않고 메스까지 들이대었다. 물론 혈기왕성하던 〈오류동인〉의 시조라는 건강한 숲에 대한 사명감과 자기 반성적 성찰이 가져다준 용기라는 긍정적 시각과 일부 독선과 편견이라는 비난이 동시에 쏟아졌다. 전혀 예견하지 못한 바는 아니었지만 상당 기간 그 후유증을 앓아야 했음에도 〈오류동인〉들에 의한 그 같은 기획특집은 몇 차례 더 계속되었다.

이미 24년 전의 일이다. 하지만 그 후로는 그처럼 돌팔매를 맞을 각오로 현실의 잘잘못을 공개적으로 지적하고 개선책을 내려주는 사례를 찾아볼 수가 없었던 것 같다. 그렇다면 아무런 이상이 없어서일까. 시조는 지금 안녕하기 때문일까?

유감스럽게도 시조의 현실은 그리 안녕한 것 같지가 않다. 마치 그때의 진단이 오진誤診이거나 부실처방이라는 증명이라도 하듯 크게 달라지지 않은 모습이다. 여전히 등단 작품의 수준이 천차만별하고 비평의 칼날은 무디어져 있고 소집단은 크게 양산되었으면서도 동인으로서의 에꼴은 찾을 수 없고 이미지 표절을 통한 사이비들이 활개를 치고 시조문학상에 대한 불편함이 개선될 조짐을 보이지 않고 있다.

오늘의 시조에도 서둘러 치유하지 않으면 안 될 병증들이 하나 둘이 아니라는 걱정들이 심심찮게 들린다. 부실한 내용물을 감추기 위해 과대한 포장을 하거나 기계적인 언어조작으로 감흥을 잃게 하는 글들은 그나마 폐품 처리라도 하면 피해를 줄일 수 있을 것이다. 하지만 등 뒤에서 비방하거나 인격을 폄훼하여 환경을 황폐화시키고 목적이 불분명한 집단을 구성하여 힘을 과시한다거나 집단 이익의 추구에 이용하는 일들은 상대적으로 피해자들을 만들 수가 있다.

시조를 쓰는 일은 지극히 개인적인 일이다. 하지만 여럿이 함께 모이면 큰 시너지효과를 가져올 수가 있다. 하지만 그 경우에도 시조의 품격을 높이는 일에 국한하는 것이 바람직하다. '상'만 해도 그렇다. 작품이 좋으면 '상'이라는 이름으로 격려하는 게 마땅하다. 그렇더라도 그 '상'이 시조를 쓰는 목적을 대신할 가치를 지닌 것은 아니다.

아픔을 느끼지 못하는 환자처럼 자꾸만 병이 깊어져 가는데도 올바른 진단을 내려주는 의사들이 없다는 것은 지극히 우려할 만한 일이 아닐 수 없다. 이제 남은 방법은 자가진단에 의존하는 길 뿐이다. 시조의 건강성을 지키기 위하여 지금 우리는 스스로 진단법을 익혀야 한다.

시조 칼럼

《시조21》 39집 권두칼럼

<2016, 청도국제시조대회>를 마치고

　일 년을 준비해 온 〈2016, 청도국제시조대회〉가 지난 10월 29일 '시조가곡발표회'를 끝으로 3일간의 일정을 마치고 폐막되었다. 이번 대회는 지난 1,000여 년간 민족문학의 중심이자 우리시의 본류를 형성하여 민족정신과 모국어의 창조적 가치질서를 이끌어 온 소중한 문화자산인 시조문학에 대해 국제적인 시각으로 가치를 진단하고 처방하여 새 시대에 대비하기 위해 기획되었었다.

　청도라는 지방 소읍에서 치러졌음에도 불구하고 문학계의 대표자들을 포함하여 시조계 대표적인 인사들, 주요 기관단체장, 일반 시민, 일본의 국제하이꾸교류협회를 비롯하여 중국의 한시 대표와 학자 대표, 조선족 시조단체 대표 등이 참여한 대규모의 시조행사였다. 아울러 청도 출신으로 현대시조의 독보적인 영역을 구축하신 이영도 선생의 탄생 100주년과 40주기週忌를 맞아 선생의 시조사적 업적을 기리며 시조문학정신의 건강성을 점검하고 새로운 활로를 모색하고자 다양한 행사를 구성하였다.

　행사 유형별로 보면 전국시조낭송대회의 치열한 경연에서는 시조의 대중화 가능성을 발견하였던 시간이었다. 특별강연에 나선 이근배 시인의 시조당위론은 언제 들어도 지당한 명분으로 이해되었고 아리마 아키히토 회장의 하이꾸와 시조와 한시의 비교 발표에서 '동아의 정형시는 그 형식이 짧아야 강점이다'라는 주장도 설득력이 있었다. 또한 중국의 오명현 교수의 중국 고체시의 부활에 대해 시조의 경우와 비교하였고 또한 중국에서 시조를 지켜온 연변 조선족 시조활동에 대해 허송절 시인의 소개가 있었다.

　이영도 선생 탄생 100주년을 기념하여 열린 〈이영도시조의 현재적 고찰〉에서는 유성호 교수, 문무학 시인, 이우걸 시인이 나서 각기 가열찬 정신성의 문학이라는 진단을 끌어냈다. 〈시조의 국제화를 위한 방향성 모색〉이라는 문학 강연에서는 장경렬 교수의 번역대안론을 주장하였고 중국의 도연 교수는 '한국의 한글창제와 시조와 같은 형식에로의 활용이 중국문학의 유입을 차단하였다'는 요지의 강연으로 박수를 받았다. 마지막으로 연단에 오른 일본의 후지모도 시인은 하이꾸의 국제화 과정을 소상히 설명하고 사례들을 열거하여 많은 공감을 불러일으켰다.

이번 행사에는 〈육필시조, 자료전〉, 〈이호우, 이영도 선생 자료전〉, 〈이영도시화전〉, 〈영남시조의 숲길 걷기전〉, 〈미술이 만난 시조전〉 등의 전시 외에도 일·중 번역 고시조 100선 『동짓달 기나긴 밤을』, 이영도 일역시조선집 『아지랑이』, 이영도 육필시조집 『석류』, 『현대시조 300인선집』, 『발표 자료집』, 우리시대 시조가곡 CD 제작, 고시조 동영상 제작, 이영도선생 동영상 제작 등 다양한 기획물이 제작되기도 하였다.

참가자들은 한결같이 시조의 새로운 비전을 발견하였다고 반겼다. 뿐만 아니라 이번 대회에 참가한 일본 측도 전 세계로 배포되는 하이꾸 월간잡지 2곳에 이번 시조대회를 싣기로 했다고 전해왔다. '시조'를 국제적으로 알리려는 우리의 기대가 1차적으로 이루어진 셈이다.

시조의 새로운 방향성을 확인한 이 같은 성공적인 시조축제에도 불구하고 우리에겐 아직도 넘어야 할 산이 많다. 남의 집 불구경하듯 하는 일부 시조시인들의 자세를 말하지 않을 수 없다. 자신이 출품한 특별시화전, 〈현대시조 300인선집〉에도 절반이 넘게 불참한 사실은 자가당착이다. 더욱이 '이영도 선생 탄생 100주년 기념'이라는 취지에도 불구하고 가장 가까웠다고 자랑삼던 사람들이 외면하는 현실이 아프게 남는다.

시조 칼럼

《시조21》 40집 권두칼럼

이제 시조의 꽃을 피울 때가 되었다

　이호우 선생의 『휴화산』과 이영도 선생의 『석류』가 오누이시조집으로 묶어지고 최승범 선생의 『후조의 노래』가 출간되자 김모 평론가는 1968년 5월 29일자 동아일보 〈作壇時感〉에 "시조의 형식적 한계"라는 제목의 상당히 부정적인 글을 실었다.

　'시조가 정적, 유교적 잔영을 탈피 못해 비시非詩로의 전락위험 내포'라는 소제목에 "세 시조집의 경우를 포함하여 대체로 시조문학의 성과는 노력의 연면함에도 불구하고 극히 실망적인 것이었다고 할 수 밖에 없다"고 단정지우고 있었다. 우리가 지금도 현대시조의 큰 수확으로 평가하는 이들 시조집에 대한 당시의 시조외적인 시각이 이러했을진대 현대시조의 성장환경이 어떠했을까 하는 점은 짐작하고도 남을 것이다.

　또 그보다 10년 전인 1958년 5월에 발간된 《현대문학》 특집에는 〈시조의 현대적 의의와 그 부활에 관한 각계 의견〉과 이병기, 이은상, 이호우, 이영도 등 18명의 작품이 실려 있다. 이 설문은 시조시인을 제외한 유력 문학인, 평론가 16명의 견해를 반영하고 있는데 여기에 피력된 몇 분의 개인적 소견을 요약해 보면 대략 다음과 같다.

- 박종화 – '현대적'이라는 질문부터 잘못이다. 오늘을 사는 사람이 과거적 〈형型〉을 사용한다고 현대성을 담을 수 없다는 가정부터가 망발이다.
- 이희승 – 현대시와의 병존이 가능하다. 과거의 것이기 때문에 병존이 불가하다면 극이나 소설 등도 없애야 할 것이다.
- 김규동 – 하나의 단시 장르로 남을 수가 있을 것이다. 〈예츠〉나 〈에즈라 파운드〉 같은 시인은 일찍이 동양의 단시형식에 대하여 관심이 컸다.
- 김현승 – 요즘 간혹 시조의 형식을 자유시의 형식으로 분산 나열하여 놓는 경향을

보게 되는데, 이것만으로는 시조의 혁신도 새로운 실험도 아니다.
- 정병욱 – 황진이나 윤고산 보다 더 뛰어난 천재만이 문제를 해결할 수 있다.
- 황순원 – 현재 무시를 당하고 있는 시조에다 어떤 새로운 뜻을 부여하는가 하는 문제는 앞으로 시조시인들의 힘에 맡기는 수밖에 없다.
- 정한모 – 현대적인 시정신 여하에 따라 좌우될 수 있다.
- 김동리 – 정형률로써의 시조의 형식을 재래와 같은 자수로서 제한시킬 필요는 없다. 하지만 정형시로서의 시조의 형식을 무제한 해체시켜서도 안 된다.
- 신석초, 이능우, 정태용, 김양수, 김우종, 정창범, 조윤제 – 부활되기 어렵다.

이 설문에서 창작을 겸하지 않는 평론가들은 대체적으로 〈시조의 부활〉에 부정적이었고 창작문학인들의 경우는 '현대성'이라는 조건을 붙이긴 했지만 긍정적이었다. 자그마치 59년 전 시조에 대한 문제 제기이자 진단이다. 그 당시 시조시인은 전국적으로 다 합쳐도 50명도 되지 않은 숫자였다.

자유시의 거대한 물결에 밀려난 시조의 장래를 걱정하는 것까지는 이해를 못할 바가 아니지만 우리는 여기서 단정적으로 시조의 미래를 부정한 평론가들의 안목을 지적하지 않을 수 없다. 단일문화권의 양식이기에 복합형의 새로운 문화양상을 담는 것이 부적합하다든가 낡은 그릇이라서 새로운 감성을 담아내는데 마땅하지 않으므로 전혀 소득 없는 자위행위라고 말하던 그들의 오진誤診을 시조인들은 역설적으로 되살려왔던 것이다. 이렇게 척박한 토양을 여겨낸 시조가 마침내 국제화를 꿈꾸는 단계에 왔다. 남은 것은 이제 보란 듯이 시조의 꽃을 피우는 일이다.

시조 칼럼

《시조21》 47집 권두칼럼

왜 시조인가

'왜 시조인가?'라는 주제로 진행된 "2018 청도국제시조대회"가 성황리에 막을 내렸다. 굳이 '성황리에'라는 표현을 쓰는 까닭은 우리 시조문학 활동에서 사흘간이라는 물리적인 시간도 그렇지만 200명이 넘는 시조시인들이 시조를 사랑하는 미국과 타이완의 교수들의 특별강연에 넋을 놓고 바라보던 그 열기를 그대로 전하고자 함에서다.

그 가운데서도 미국 버링검영대학의 마크 알렌 피터슨(Mark A. Peterson) 교수는 시조를 쓰는 우리를 부끄럽게 하기에 충분했다. 미국에서 시조를 가르치고 있다는 피터슨 교수는 영어로 시조를 쓰도록 권장하고 가르쳐서 일본의 하이쿠 이상의 위상을 정립하고 싶다고 하였다. 그리고 실제로 미국의 어린이들이 쓴 영어시조를 소개하기도 하면서 한국은 그 고귀한 품격의 시조를 왜 외면하고 있는지 이해할 수 없다고 고개를 갸우뚱거렸다. 실제로 두 차례의 강연을 끝낸 그는 자신이 돌아가면 이미 오래전부터 미국에서 시조를 가르치고 있는 데이비드 맥퀸 교수와 시카고의 세종문화회, (사)국제시조협회 등이 연대하여 미국에 〈시조연구원〉 같은 중심체를 만들겠다고 하였다. 그리하여 미국을 비롯한 영어권 국가에 시조가 이룩한 가장 독자적인 정형시의 품격을 계승하는데 기여하고 싶다고 말했다.

그의 이 같은 적극적인 반응은 결코 초대받은 곳에 대한 공치사나 허언이 아니다. 이미 그는 미국에서 여러 차례 어린이 시조콘테스트를 가져 시상하기도 하고 교사들을 상대로 시조를 가르치고 있다. 그리고 우리 시조를 우리말 그대로 외우거나 번역하여 외우고 다니면서 간결하고 운치 있고 함축적인 은유의 맛을 전하려고 애를 쓰고 있었던 것이다.

타이완에서 온 두보杜甫 연구의 대가이자 고시를 즐기시는 지엔징송簡錦松 교수의 시조에 대한 역사적 고찰과 한국인이면서 타이완 현대시인인 김상호金尙浩 교수의 시조에 대한 진단 또한 깊이 새겨볼 가치를 지니고 있었다.

청도국제시조대회는 이제 겨우 두 번째의 문을 열었을 뿐이다. 초청국가도 일본, 중국에 이어 금년에 미국과 타이완 고작 4개 나라에 불과하다. 그러므로 이들의 생각들을 근거로 모든 나라들의 상황을 짐작할 수는 없다. 다만 한 가지 분명한 것은 '시조'라는 놀라운 품격의 정형시가 우리나라에 있었다는 것이 필연적인 결과라는 진단이다. 다만 자국에서는 한 번도 접해보지 못한 신기루였다는 것이다.

2년 전 첫 대회 때 일본의 국제하이쿠협회 아키토 아리마有馬朗人 회장은 왜 적극적으로 시조를 해외에 알리지 않았느냐며 의아해했다. 그는 또 국제하이쿠 협회 회원국으로 가입한 국가가 24개국이며 하이쿠를 공부하고 있는 나라가 120개국에 이른다고 소개하면서 그 힘의 원천은 번역이라고 소개하였다. 알리려고 하지 않는데 어떻게 알 수 있느냐는 반문이다. 번역과 소개, 여기에 21세기 시조운동의 열쇠가 있다고 여겨진다.

그렇다. 시조는 우리 조상들이 우리말의 품격과 우리민족의 감성을 가감 없이 조탁하여 보편적 시학을 초월하여 계발한 초인류적 문화유산이다. 지금은 비록 민족시의 주류에서 잠시 밀려나 셋방살이를 하고 있으나 이 땅에서 한글이 없어지지 않는 한 우리문학 본디의 제자리에 재진입하리라 믿는다. 문제는 이러한 시조를 선택하여 시인의 삶을 지향하고 있다는 시조시인들의 자세다. 시조가 시조시인들에 의해서 훼손되고 시조시인들에 의해서 무시되는 일은 없어야 한다.

시조는 우리민족의 정서와 우리말이 지닌 철학적 묘리를 바탕으로 이룩한 세계일류의 정형시다. 잠시 불편하다고 기둥을 잘라내고 창을 갈아 끼운 채 돌려줄 셋집이 결코 아닌 것이다.

시조 칼럼

《시조21》 44집 권두칼럼

왜 시조의 그릇을 깨는가

시조의 가장 핵심적인 가치는 형태미에 있다. 3장 6구 12음보로 이해되는 이 양식 구조가 시조의 가치질서인 것이다. 시조의 정착에서부터 조선조에 이르기까지 그 누구도 시조의 양식을 이론적으로 규정하여 창작한 적 없으나 우리의 음운구조나 모국어가 지닌 독자성으로 정착되어 오늘에 이르고 있다.

하지만 근년에 들면서 3장이라는 시조의 기본 형식이 파괴된 시조들을 빈번하게 만나게 된다. 시조의 정형성이라는 특징을 무색하게 하는 이러한 작태를 과연 어떻게 보아야 할 것인가. 혹자는 인쇄문화시대에 걸맞은 독자에 대한 배려라고 설명하고 더러는 현대인들의 자유로운 사고를 적절하게 수용하는 방편이라고도 주장한다. 또 다른 경우는 지나치게 폐쇄적인 시조의 형식구조를 시대감각에 맞게 계승해 나가는 보완조치로 웅변하기도 한다.

하나같이 나름대로의 필연성을 지닌듯해 보이나 천년의 민족적 정서 안에서 검증되고 실험이 진행된 시조라는 형식적 정체성을 불식시키기에 궁색하기는 마찬가지다. 오랜 기록으로 남는 인쇄문화이기 때문에 오히려 형식질서 앞에 공손해야 옳다. 필기체라면 순간적 감성에 따라 글씨 크기도 달라질 것이고 행갈이도 가변적인 것이 미적 조화를 이끌어 낼 수가 있다. 그리고 현대인들의 자유로운 사고를 표현하기에 불편한 양식이라던가 시조의 역사성을 부정할 요량이라면 자유시를 선택하면 그만이다. 굳이 시조를 선택하면서 불만과 불평을 쏟아놓는다는 것은 시조를 스토킹하고 파괴하는 일이다. 이는 편의주의라던가 보신주의적 사고라는 식으로 넘겨버리기에도 그 정도가 지나치게 비겁하다.

시조에게 무슨 잘못이 있는가. 세계적으로 유례없는 문화유산 앞에서 그 정체성을 수탈하고 오명을 안기는 것은 시조를 사랑한다는 사람의 변명이 될 수 없다.

　1908년 김교헌이 편집한 조선조 마지막 시조집 『대동풍아』를 보면 과거처럼 여전히 행간 구분 없이 3장이 이어져 있다. 그리고 1906년 〈대한매일신보〉에 발표된 「혈죽가」에서는 3장 3배행이라는 새로운 모습이 등장한다. 이어 1926년에 발간된 최초의 개인 시조집인 최남선의 『백팔번뇌』에는 3장 6행의 구조로 변모한다. 1932년 곧 이어진 이은상의 『노산시조집』에는 다시 3장 3행의 배치가 지켜지고 '양장시조시작편'이라는 구분 아래 6편의 양장의 실험시조가 선보이기도 한다. 그리고 다시 1968년에는 이영도 시조집 『석류』에는 「아지랑이」라는 회화적 공간구성이 시도되고 장순하 시조집 『백색부』에서도 '시각서정'이라는 구분아래 「고무신」 같은 시각적 배치가 등장한다.

　실로 이 기간 동안 시조 안에서 숨 막히는 변화가 일어나고 있었다. 이미 사각의 지면 위에서 가능한 여러 시도와 실험이 엄중하고 심각하게 진행되었던 것이다. 하지만 그 누구도 시조의 정형성을 훼손하지는 않았다. 무분별한 행갈이를 하였다는 이유만으로 시조가 아니라고 단정하고 싶지는 않다고 하지만 천년을 이어온 시조의 도저한 정형성을 훼손한 것은 변명의 여지가 없다.

　'시조'가 지닌 모습이 불만스럽거나 못마땅하면 자유시를 쓰면 될 일이다. 굳이 시조의 존립기반인 정형을 굴레로 생각하면서 괴로움을 자초할 이유가 없다. 그것은 천년의 시조문학사에 안기는 굴욕에 다름이 아니다.

　우리는 지금 "시조의 국제화"라는 기치를 높이 치켜들고 있다. 시조의 오랜 역사성, 자기비하의 민족성을 핑계로 사대적 발상을 숨길 때가 아니다. 시조의 본디 모습을 과감히 드러내고 오늘과 소통해야 한다. 지나친 성형유혹에 빠져 한국인도 서양인도 아닌 착각 속의 아바타가 되어서는 안 될 일이다. 그것이야말로 짝퉁이고 사이비다. 문학은 궁극적으로 진리에 접근하는 형이상학의 영역이기 때문이다.

시조 칼럼

《시조21》 56집 권두칼럼

누가 시조를 무너뜨리는가?

정기간행물로 발간되는 문학잡지는 저마다 창간으로 이끈 차별화된 목적을 가지고 있다. 어떤 경우는 형식을 지키고자 할 것이고 또 어떤 경우는 서정의 확장을 꾀할 것이다. 그도 아니면 독자적인 이념을 표방하던지, 전통성의 추구를 꾀하기도 할 것이다. 이러한 다양한 방법의 개성추구나 이념의 확장을 통한 사조의 창출이 문학잡지가 지닌 존재의 위의이자 정석이다.

시조의 경우도 예외는 아니다. 차별화된 개성이나 분명한 지향점이 없으면 정기간행물인 잡지로서의 존립기반이 취약할 수밖에 없게 된다. 확고한 창간정신이 없으면 발표 그 자체가 목적인 일반 문학단체의 연간지나 동호인 단체의 문학지와 다를 바가 없다. 분명한 사실은 문학잡지는 발표만을 목적으로 제작되어서는 안 된다는 점이다.

《시조21》이 올해로 창간 20주년을 맞는다. 창간호에서 "좋은 시조"를 만나기 위해 창간을 하였다고 선언했었다. 물론 총론적이고 넓은 의미에서의 "좋은 시조"를 겨냥하였지만 20년이 지난 지금의 상황은 여전히 불안하고 조급하다. 아직껏 그 "좋은 시조"의 세상이 오고 있는가에 대한 확신이 서지 않는 안타까움 때문이다.

그렇다면 《시조21》이 생각한 "좋은 시조"는 어떤 것이었을까. 그것을 뒤집어 '우리는 왜 시조를 쓰고 있는가'라는 물음으로 답을 구하면 쉬워진다. 우리가 지금껏 시조에 대한 애정을 소홀히 할 수밖에 없는 까닭은 우리의 언어를 통하여 민족의 가치를 가장 적절히 표현해 온 장르인 때문이다. 한때 국수주의적인 발상이라느니 고답적인 당위성이나 필연성으로 설명하던 시대는 이미 지난 지 오래다. 거기에는 우리의 모국어로 우리의 전통적인 정신을 담아내기에 가장 이상적인 그릇이라는 확신이 깔려 있다. 정형성이니, 미학이니, 현대성이니 하는 테제는 차선의 문제다.

그런데 시조 역사상 가장 많은 작품들이 창작되고 있다는 오늘의 시조는 왜 이리 불안한가. 시조잡지들을 펼쳐 들면 마치 자유시 잡지들을 보는 듯 혼란스럽다. 자신들이 선택한 시조의 형태미가 왜 그렇게 못마땅한지 모르겠다. 과거에는 그래도 시조 밖에서 시조를 위축시키곤 했는데 지금은 시조가 시조를 무너뜨리고 있다는 생각을 떨칠 수가 없다. 시조 밖에서 보내는 평론가 구중서 선생의 다음 글을 한 번 보자.

"가람에 이어 조운 이호우 정완영을 거치고 수많은 현대 시조 시인들이 오늘의 한국 문단에서 활약하고 있다. 신선한 감수성에서 자유시를 능가하는 시조 시인들도 있다.

그런데 이 경쟁에 함정이 있다. 시조가 자유시와 경쟁한다며 시조 자체의 생명인 '정형성'을 많은 시조 작품들이 이탈하고 있다. 시조의 장(행)을 반 토막 내고 3장(행) 단위 연의 구분을 이어 붙이기도 한다.

이렇게 되면 일반 독자들이 자유시와 시조를 분별할 수 없게 되고, 결국 시조가 스스로 사라지게 될 것이 우려된다.

시조의 현대화는 자유시와의 감각적 경쟁에 있는 것이 아니다. 시조 특유의 혼이 담긴 정형성을 견지해야 한다. 그러면서 물질주의로 훼손되는 서구 국가들에 비해 인간다운 정신적 가치를 잘 보존하고 있는 민족문학의 역사의식을 구현하는 데에 한국 현대 시조의 본령이 있다." -《정형시》25호 '권두언'「한국의 시조와 세계문학」에서

다소 긴 글을 인용하였지만 시조 밖에서 보는 우려의 일단이라는 점에서 적잖은 시사점을 안겨준다. 혹여 나는 현대성이니 차별성이니 하는 보신주의적 논리로 무너뜨려 시조를 민족문학사의 바깥으로 몰아내는 과오를 범하고 있지는 않는지 냉정히 돌아볼 일이다.

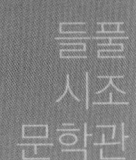

시조 칼럼

《시조21》 63집 권두칼럼

시조 아닌 척하기

　시조는 지금 지나간 천년에 가까운 역사 가운데서도 가장 의미 있고 획기적인 변모의 시대를 맞고 있다. 우선 손꼽을 수 있는 변모는 [문학진흥법]을 통한 시조와의 국가적인 관계성 설정이다. "문학 진흥을 위한 사업과 활동을 지원하고, 문학 창작 및 향유와 관련한 국민의 활동을 증진함으로써 문학 발전에 이바지함을 목적으로 한다"고 그 제정 목적을 명시한 이 법 제2조(정의)에는 "이 법에서 사용하는 용어의 뜻은 다음과 같다. [개정 2021.5.18] [시행일 2021.11.19] 1. "문학"이란 사상이나 감정 등을 언어로 표현한 예술작품으로서 시, 시조, 소설, 희곡, 수필, 아동문학, 평론 등을 말한다"라는 시조의 장르 독립을 명문화한 점이다.

　이는 지금껏 시조가 우리민족이 모색해 온 자생적 문학의 핵심 축이었다면 이제는 국가가 법제화한 [문학진흥법]에서 독립 장르로 진흥을 명문화한 국책문학에로의 변화를 의미한다. 결코 자기 중심적 해석으로 가볍게 치부하고 넘어갈 수 없는 책임감과 맞닿아 있다. "시 속에 시조가 포함되었다"는 구차한 설명이 필요 없이 독립적 장르로 자리매김하였다는 것은 거기에 합당한 차별화가 전제되어 있다.

　누가 이 차별화된 장르의 독립을 원하였는가. 바로 시조시인이다. 국가가 독자적인 장르를 명문화하였음에도 실제로는 구별이 안 된다면 그야말로 조롱거리다. 그나마 이렇게라도 시조가 국가적으로 법제화한 명분을 가진 것은 늦었지만 다행이다. 그러나 이를 받아들이는 데는 적잖은 전제와 수용의 실천의지가 필요하다. 여기에는 시조라는 장르의 차별화가 전제되기 때문이다. 소설이나 수필, 평론과 같이 목적가치가 확연한 경우 우리는 그 장르의 효율성에 의심이나 의문을 가지지 않는다. 다만 시조와 시의 장르 구분을 무엇으로 보편화 할 것인가의 문제는 간단치 않은 숙제로 시조시인들의 고민을 깊게 한다.

　주위를 살펴보면 아직도 자유시 흉내를 "새롭다, 구조적이다, 감각적이다"라는 사대적, 보신주의의 착각에 집착하는 이들이 적지 않다. 아무런 기준도 없이 행을 흩어 놓고도 시치미를 떼는 이들이 너무 많다. 3장을 흩어 4장, 5장을 만들고 심지어 종장을 마구 흩어 몇 개의 연으로 흩뜨려 놓고 '시각적 성취' 운운하며 강변하기도 한다. 그야말로 "시조 아닌척하기"의 주인공 경쟁에 다를 바 없다.
　자신의 장르 명칭을 버리고 '시'라는 옷을 걸쳐야 멋있다고 착각하는 이들이 줄지 않는다. 장르가 '시조'인데 '시조집'으로 표기하지 않고 '시집'으로 쓰고도 부끄러운 줄 모른다. 수필집을 소설집이라고 쓰고 우기는 것과 다르지 않다. 결국은 시조시인이 시조를 망가뜨리고 있는 것이다.
　우리는 앞장서서 단발하고 앞장서서 창씨개명하며 침략자들에게 아부하였던 친일매국행위자들의 뼈아픈 역사를 보아왔다. 명분 없이 서구 시의 외형을 쫓아 민족시의 정통성을 허무는 모습 또한 창작이라는 이름의 매국이나 폭력과 다르지 않다. 아무리 자기 이익의 수단을 무기화하는 시대라지만 가려야 할 수단이 있고 삼가야 할 방법이 있다. 수단과 방법을 가리지 않고 개인적인 승리에만 매몰되면 짐승이나 뭐가 다르랴. 비겁하게 남의 등 뒤에 숨었다가 어부지리를 노리는 심사라면 민족시니 민족문학의 전도사라는 말을 사용해선 안 된다.
　이번 기회에 '시조 아닌 척하기' 집단감염에 빠진 일부 시조단의 집단증후군이나 이미 재생의 가치를 상실한 창사唱辭위주의 고시조 복제전문 카피증후군 모두에게 민족자생시의 도도한 흐름을 계승할 숙려의 전기가 되었으면 좋겠다. 시조시인이라는 이름이 자랑스러울 때 시조의 새로운 지평이 열릴 것이기 때문이다.

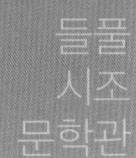

시조 칼럼

《시조21》 61집 권두칼럼

왜 하필 시조인가?

    필자가 신춘문예에 시조로 등단했다는 사실을 알게 된 〈창작과 비평사〉 김모 대표는 측은하다는 듯이 "왜 하필 시조인가"라는 물음을 던진 적이 있었다. 워낙 단정적인 질문인지라 마치 내가 무엇을 많이 잘못한 사람처럼 대답을 망설이고 있는데 "시조는 구시대의 유물이기도 하지만 이미 죽은 문학인데 거기에 힘을 쏟을 필요가 있겠는가"라며 추가 언질을 덧보태서 대답의 의미조차 찾지 못했다. 그도 그럴 것이 김 대표는 당시 필자에게 미학을 가르치던 은사였기 때문이다. 기억을 잠시 더 더듬자면 이어진 선생의 논리는 '서구 문명의 도입에 따른 세계화의 질서 속에 구시대적인 전제군주국가의 유물로서는 다변화되는 현대인들의 사상과 감정을 대변할 수가 없다'는 주장이었다. 물론 이처럼 고착화된 관념을 감히 깨뜨릴 수가 없다는 생각에 필자는 그분과의 관계에서 한 발짝 뒤로 물러났다.

    낯설지만, 그러나 새로운 서구의 문물이 유입되었으니 지엽적이고 토착화된 우리네 전통은 그들의 문화를 가꾸고 북돋우는 거름으로 활용해야 마땅하다는 이 논리야말로 사대주의적 발상이 아니던가. 과연 우리 문화는 자체적인 본이 없고 대외적인 본이 들어오기까지만 허용되는 연습 기간이며 들러리 무대라는 말인가.

    과연 그럴까? 우리의 문헌에 시조가 완전한 모습으로 등장한 것이 고려 말엽이다. 아직 우리글이 없던 이즈음 우리문화의 중심은 중국의 한문이었고 그들이 완성한 한시는 고구려 유리왕의 「황조가黃鳥歌」, 신라 진덕여왕의 「태평송太平頌」 등에서 알 수 있듯이 이미 삼국시대에 착근하여 고려 말엽에 오면 시가의 중심이었다. 앞서의 논리대로라면 중국문화의 절대적인 영향 아래에 놓여있던 당시의 상황을 감안할 때 굳이 우리말로 된 시가를 창작할 필요가 없었다는 뜻이 된다.

문명의 측면에서는 인간 생활의 편이를 감안한 선택이 불가피할 때가 있다. 편리한 것들에게 수요가 몰리고 그 수요를 중심으로 동질화가 이루어지기 마련이다. 하지만 문화는 인간의 정신 가치를 좌우하는 형이상학적 영역이 아닌가. 다양한 전통과 습속, 환경에 따른 기질과 유전인자, 존재의 인식과 가치지향의 철학에 따라 필요로 하는 자세가 다르기 마련이다. 그러기에 문화는 다양성이 생명이라고들 말한다. 이 지점에서 '시조의 국제화'와 '시조의 세계화'를 구분할 필요가 있다.

시조는 외부의 문화 사조를 몰라서, 그 문화사조에 편승하기 위해 억지로 만든 습작문학이 아니다. 우리가 우리의 말에, 우리의 전통과 정신을 담아낸 창의적이고 선택적인 민족문학이다. 산업화 이후 편이를 앞세운 서구의 문명이 지구상의 질서를 재편해 나갈 때 여기에 발맞추지 못하면 세계 속에서 낙오자일 뿐이라는 패배주의자적 자세로 바라본 '사문학, 부패문학'(김동환,《조선지광》1927)은 더욱 아니다. 그런데 오늘의 실증은 어떤가. 시조의 정체성을 올바르게 이해하고 그 위의를 지키기 위해 어떤 노력을 기울이고 있는가. 얼마나 바른 율격을 지키고 독창성을 이해하며 시조가 지녀야 할 민족정신의 가치를 담아 세계문학사에 독자적으로 남을 차별성을 추구하고 있는가. 혹여 그것들이 시조 내부의 사대적인 발상이나 선동적 요행수에 의해서 방해를 받고 있지는 않는가.

맹종적 서구문화 추종이라는 그릇된 선민의식이야말로 민족문화의 선진화를 가로막는 병적 감염원이 아닐 수 없다. 교묘한 '글자 도둑' 그 이상도 이하도 아닌 문자조작으로 시인의 행세를 하면서 정작 행동으로는 아무 것도 실천하지 않는 시조활동이 빈번해져 가고 있다는 느낌은 필자만의 오해일까. 날이 갈수록 시조의 독자적 질서를 무시하거나 훼손하는 일이 선진화이고 현대화라는 착각에 감염되지 않았는지 심각하게 살펴볼 일이다.

시조 칼럼

권두칼럼

시조를 시조에게 돌려주자

　흔히들 정신은 뿌리와 같다고 비유한다. 뿌리가 건강하면 잎이 무성해지고 열매 또한 탐스럽게 열리기 마련이다. 뿌리가 튼실하지 못한 나무는 드센 바람을 견디지 못한다. 정신이 건강한 사람에게서는 생각도 건강하고 행동 또한 올바르다. 건강한 생각으로 세상을 바라다보면 내일이 보인다. 마치 먼 산을 돌아온 강물이 들판을 거쳐 대하로 흘러가듯이 어제 또한 오늘을 거쳐 어디로 갈지 짐작할 수가 있다.

　나 하나의 존재가 세상의 전부가 아님을 보게 될 것이고 어디서 나를 버려야 하는지도 알게 될 것이다. 그리고 또한 알게 될 것이다. 굳이 소리치지 않아도 멸치는 멸치의 값이 매겨지고 상어는 상어의 값이 매겨지는 것을 알 수 있을 것이다. 왜 유리는 유리의 값이 매겨지고 다이아몬드는 다이아몬드의 값이 매겨지는 지를 이해하게 될 것이다. 무엇이 참된 가치이며 무엇이 속임이라는 것도 알게 될 것이다. 올바른 생각을 가진 사람들끼리 모인 건강한 사회라면 한치를 오징어라고 우기거나 콩을 팥이라고 우기지는 않는다. 생각들이 건전하고 믿음이 돈독하기 때문이다. 하지만 상대적으로 누군가 이를 악용하여 독이 든 술을 약이 든 술이라고 속이면 치명적인 피해를 입을 수도 있다.

　이처럼 쉽게 그 증상이 드러나지는 않지만 만약 정신건강에 이롭지 못하거나 해가 되는 글을 유익하다고 속이면 어떻게 되겠는가. 건강의 뿌리가 되는 정신이 병들 수밖에 없을 것이다. 지금은 남의 말을 맹목적으로 받아들이기가 무서운 세상이다. 자신의 안목을 키워야 한다. 독인지 약인지를 가려내지 못하면, 그러한 정신상태로 내린 처방이라면 그 해악이 어디까지 미칠지 불을 보듯 자명한 일이다. 하물며 정신의 건강성을 담보로 하는 문학이라면 더 말할 나위가 없다. 백 원어치도 안 되는 작품을

만원이라고 속이면 그 피해는 누구에게 돌아가겠는가. 비록 지금이 짝퉁시대라고는 하지만 짝퉁을 명품이라고 속이는 일은 범죄행위에 다름 아니다. 우리가 어쭙잖은 평필評筆을 경계해야 하는 이유가 여기에 있다.

자연은 그 자체로서 변화의 질서를 유지할 때만 자생력을 지닌다. 언제나 스스로 일으켜 세우고 스스로 주저앉아 한순간의 집착으로부터 자신을 보호한다. 그러므로 인간의 영역인 논리나 법은 어떤 경우에도 자연을 우선하지 못한다.

문학 또한 마찬가지다. 무한자유의 창의성을 기반으로 하되 자체적으로 형성된 질서를 존중해야 한다. 그것이 자생력이기 때문이다. 더욱이 시조와 같이 700년에 이르는 동안 우리의 정신 안에서 철저한 임상실험을 거쳐 온 양식 질서라면 자생력을 의심해서는 안 될 것이다. 조선 말기에 이르기까지 600여 년의 시조사를 훑어보아도 논리나 법을 앞세워 시조를 지어온 사례는 흔치 않다. 그것이 우리네 삶의 자세요 정체성이다. 어쩌면 그것이 시조의 생명력을 연장해 주었는지도 모른다.

지면이 늘어나면서 이론을 위한 이론이나 굳이 현학적인 용어들을 동원한 시조이론이나 평론들 또한 늘어가고 있다. 물론 시조의 문학적 깊이를 이해하거나 사유의 영역을 확장시켜준다는 점에선 긍정적인 요소가 없는 것은 아니다. 문제는 일부 평자들의 경우 자기 작품의 면면을 통해서 볼 때 오진誤診의 의혹이 적지 않다는 점이다. 오진에 따른 처방이 얼마나 위험한 일인지는 굳이 설명할 필요가 없을 것이다. 독자의 동의를 얻지 못하는 억지주장은 문학적 환경을 황폐화시킬 뿐만 아니라 그 저의마저도 의심받을 뿐이다.

문제는 평자들에게만 국한되는 것이 아니다. 독자들을 두려워하지 않고 자기 카타르시스적 매너리즘에 빠진 시인들의 경우도 마찬가지다. 성급하게 꽃이나 열매에 현혹되지 않고 뿌리를 튼튼하게 하는 일이 먼저다. 문학의 생명력은 정신이기 때문이다. 올곧은 정신을 지닌 자들이라면 결코 사이비나 돌팔이에 의한 오진에 휘둘리지

시조 칼럼

않을 것이기 때문이다.

  시인 또한 자신의 영역 밖에 있는 평필에 귀를 기울이는 일은 바람직하지 못할 뿐 아니라 자존심 상하는 일이다. 시정신이 올곧기로 유명한 이호우 시인은 왜 자신의 시집에 한 번도 서문이나 작품해설을 붙이지 않았는지 생각해 볼 일이다. '시조가 없어야 시조가 발전한다'는 말이 괜히 나온 말이 아니다. 이미 우리가 알고 있는 '시조'라는 고정관념은 시조의 미래를 위해서는 장애요소가 될 수가 있다. 창조에 있어서 그 고정관념을 강요하는 일이 얼마나 어리석은 일인가.

  시조는 시조의 자체적 질서 안에서 자생력을 유지하는 것이 바람직하다. 문학은 국가적으로 보호를 받는 무형문화재가 아니다. 공감이라는 내용이 빠진 형식자체를 지키는 일에 집착할 일이 아니다.

  결코 너무 쉽게 평필評筆을 잡거나 평설評說에 귀 기울일 일이 아니다.

《시조21》 70호 권두칼럼

시조의 자살

 몇 해 전 일본의 아사히朝日신문은 오래된 논문 하나를 소환하였다. 일본의 권위 있는 월간지 《문예춘추文藝春秋》에 실렸던 '일본의 자살'이라는 제목의 의미심장한 논문을 다시 불러낸 것이다. 이미 50년 전의 이야기지만 여러 분야의 지식인들이 공동 집필한 이 논문의 요지는 '동서고금을 막론하고 어떤 문명이라도 외부의 적이 아니라 내부의 요인으로 인해 스스로 몰락했었다'라는 결론이었다. 당시 이들이 찾아낸 '국가의 자살'을 불러온 요인의 공통점은 이기주의와 대중 영합(populism)이었다. 백성들은 개인적인 이익만 쟁취하고 지배 권력은 그런 대중들과 영합할 때 그 국가는 쇠망한다는 것이다.

 오래전의 이슈를 다시 들고 나온 아사히 신문은 부연하여 '로마제국의 쇠락 원인을 빵과 서커스를 꼽았다. 로마가 번영하면서 시민들은 노동 대신 빵을 요구하였고 지도자들은 환심을 위해 무상으로 빵을 제공하였다. 나아가 시간이 무료한 시민들에게 서커스와 격투기 같은 구경거리를 제공하였다. 이렇게 시민은 권리만 주장하고 지도층은 그들의 비위를 맞추기에 급급한 사회는 급기야 '국가의 자살' 코스로 접어든다는 설명이었다. 나아가 일본도 이와 유사한 '일본의 자살' 코스에 접어든 것이 아닌지 경계해야 한다는 결론이다. 우리나라에서도 얼마 전에 '자살하는 대한민국'이라는 책자를 발간한 적이 있었지만, 앞에서의 내용과는 관점이 조금 다르다.

 물론 이러한 논쟁을 발화시킨 데는 그럴만한 정황이 뒷받침되었을 것이다. '일본'이라는 문명적 가치가 훼손되고 있다는 반성적 성찰이 있었기 때문이다. 그리고 상대적으로 유지 또는 보존해 낼 처방을 확보하기 위한 수단이 불가피했을 것이다.

 이 같은 진단을 왕조의 몰락과 변천에도 건재해 온 시조에 적용해 보면 과연 어떤

시조 칼럼

결과가 나올까. 가장 먼저 제기할 수 있는 물음은 '시조는 붕괴할 개연성은 없는가'일 것이다. 곧 천년을 이어온 시조의 정체성은 '오늘도 안녕하신가'라는 질문이다. 냉정히 살펴보면 시조는 지금 매우 중환重患이라고 할 만큼 정형성이라는 특징을 스스로 훼손하고 있다. 자각을 잃어버린 시각, 후각, 지각의 마비 상태라는 독한 진단을 반박하기 어려운 지경이다. 자유시와의 외견상 구분이 불가능할 지경에 이르렀기 때문이다. 그렇다면 누가 이처럼 시조의 정체성을 흩뜨려놓았는가. 앞서 있었던 문명에의 진단에 대입해 보면 외부의 적에 의해서 쇠락하였다는 정황을 찾을 수가 없다.

그렇다면 내부의 어떤 이기적인 생각과 대중 영합이 원인이 된 것일까. 무수히 지적되어온 식상한 진단이지만 민족시라는 역사성과 당위성이라는 국수주의적 생각의 안이함에 숨어서 노력보다 과분한 이익을 꿈꾸어온 이기심은 없었을까. 아니면 그러한 가벼운 계산법에 편승해 지나친 상찬의 서커스를 베풀어 장르 자체를 집단 무기력증에 빠지게 한 힘의 부작용은 없었을까.

두말할 나위도 없이 시조는 시대가 선택한 미학 질서이자 가치이다. 이를 부정하겠다면 다른 선택을 하면 그만이다. 불편부당한 자신의 성에 차지 않는다고 처방전의 양식을 탓하는 일은 과거 선인들이 이룬 시조의 성과를 부정하고 미래세대의 가치를 착취하는 일일 뿐이다. 국권 강점기 민족문화 말살로 망하게 된 시조를 살려낸 것은 일부 건강한 정신의 힘 덕분이라는 점을 잊어서는 안 된다.

담아내기 힘겹다고 그릇을 깨트려서 새롭다고 우기는 시조단, 비평다운 비평이 사라진 시조단, 상이 넘쳐나 모든 시조인의 갈증만 증폭시키는 시조단, 시멘트를 섞어서 만든 그릇으로 백자라고 우기는 시조단, 개별적 야망을 위하여 집단을 악용하는 시조단, 구매자 없이 자비 광고용 시조집을 양산하는 시조단, 아직도 잡초를 양산하는 시조단…. 시조는 지금 자살 모의에 내둘리고 있는 것은 아닌지 살펴볼 일이다.

민병도갤러리
주요 소장 작품

#국내 작가 작품
#중국 작가 작품

민병도갤러리

국내 작가 소장 작품

민경갑 「산」

박노수 「나그네」

서세옥 「어락魚樂」

성재휴 「산수」

박봉수 「첨성대」

서병오 「묵란墨蘭」

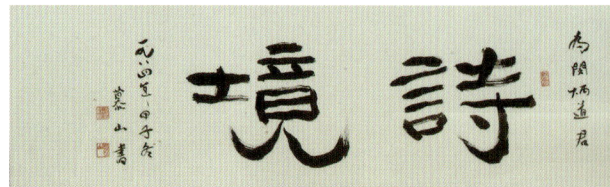
심재완 「시경詩境」

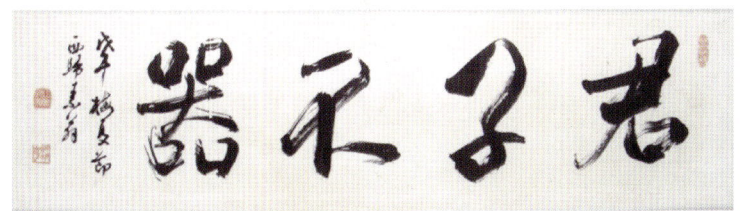
현중화 「군자불기君子不器」

강우문 「소고무」

김종복 「봄」

변시지 「섬 이야기」

김경승 「포즈」

유영교 「여심」

민병도갤러리

중국 작가 소장 작품

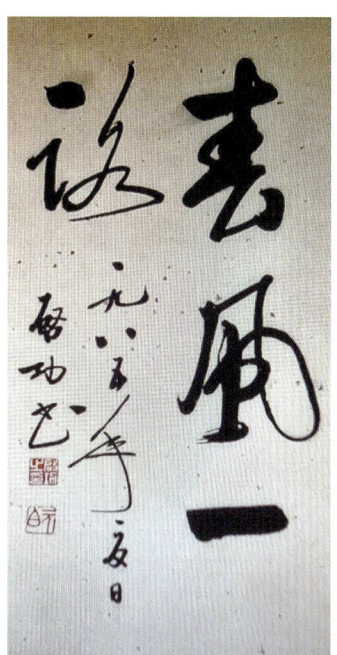

계공 「춘풍일로春風一路」

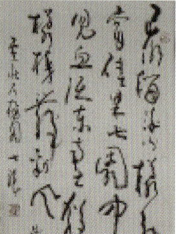

오관중 「풍경 크로키」

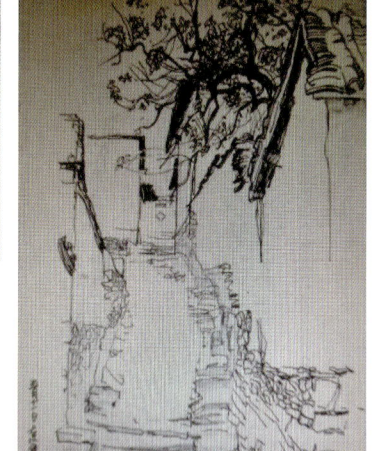

심붕 「시고詩稿」

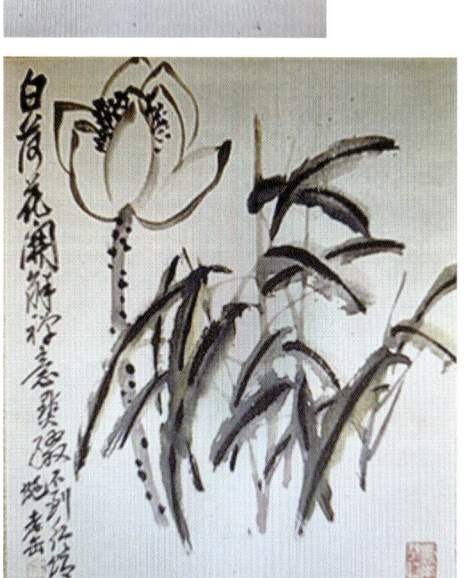

오창석 「백련白蓮」

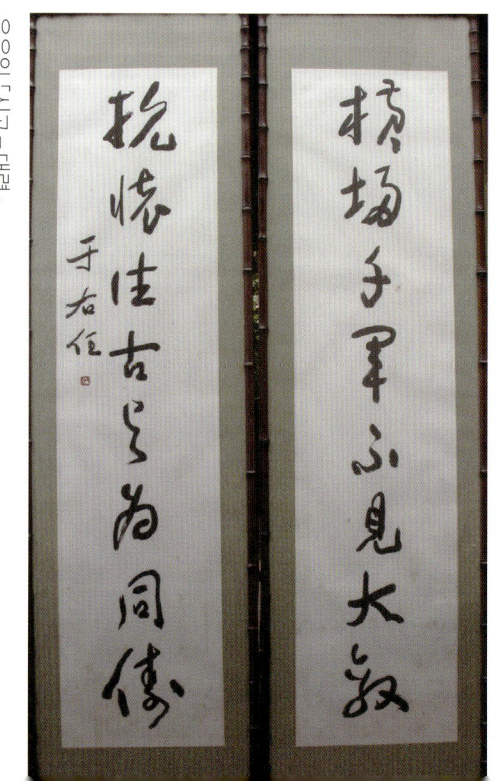

우우임 「서묵書墨」

이가염 「목우도 牧牛圖」

장대천 「시구-대련」

제백석 「춘일 春日」

장대천 「산수」

부록

#청도시조공원
#달빛시작길
#화폭의 청도
#주변의 볼거리

부록

청도시조공원

들풀시조문학관

부록

청도시조공원

부록

달빛시작길

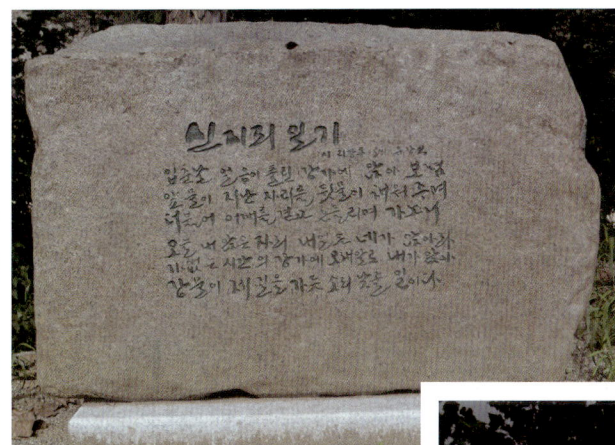

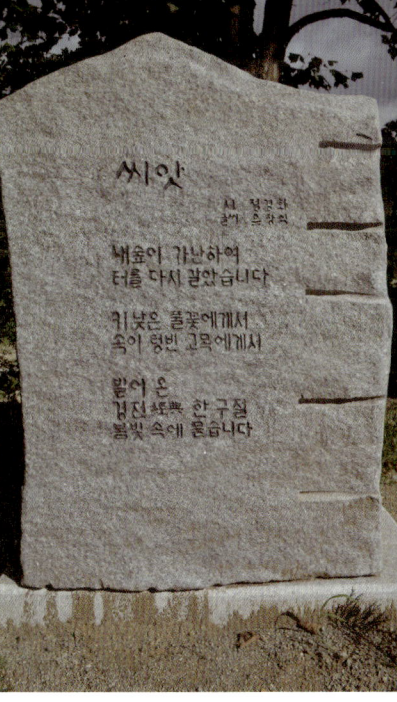
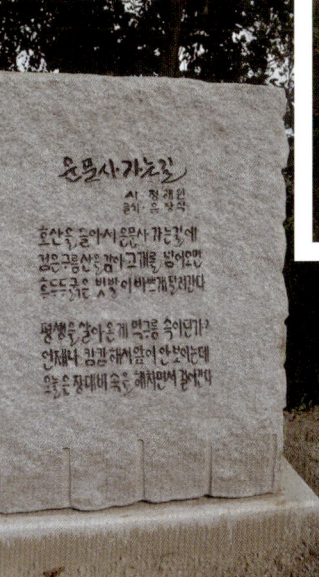

부록

화폭의 청도 (민병도 作)

겨울 동창천 1-3

금천의 봄

만화장의 봄 2

만화정의 봄 1

문복산 계곡

선암서원의 봄

복사꽃 한 때 2

학산곡의 봄

청도에서-2

청도에서-1

청도에서-3

부록

화폭의 청도 (민병도 作)

향리 1-7

들풀시조문학관

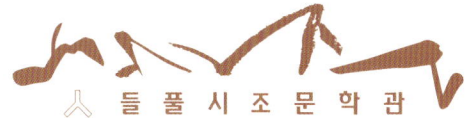

주변의 볼거리

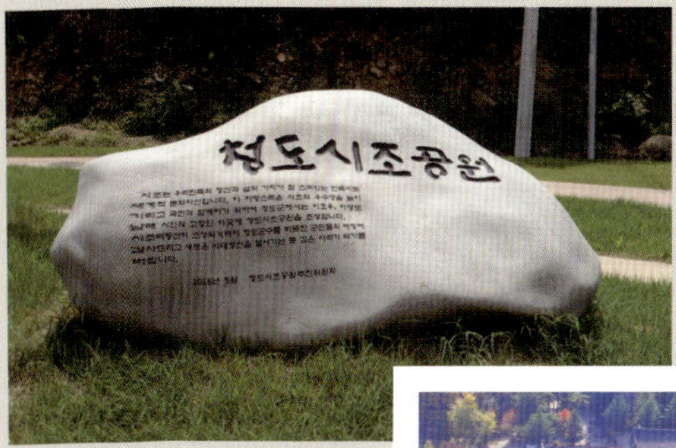

청도시조공원

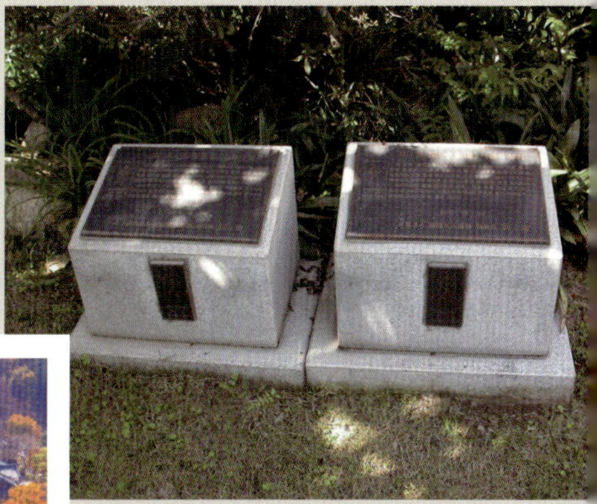

이호우 생가 (표징비)

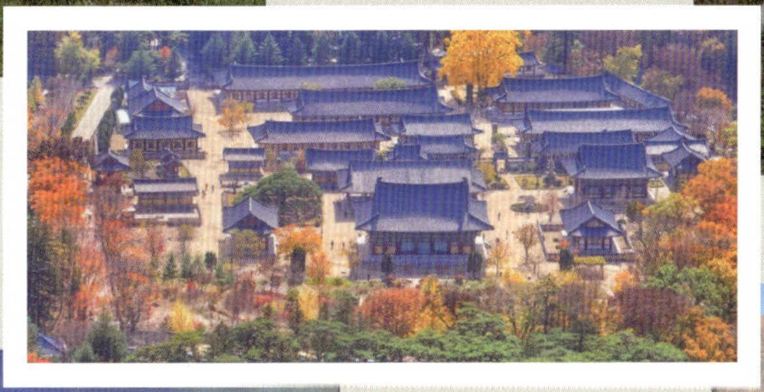

운문사

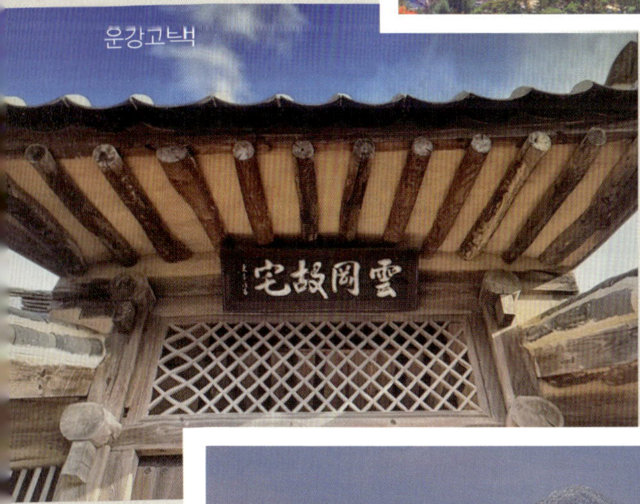

운강고택

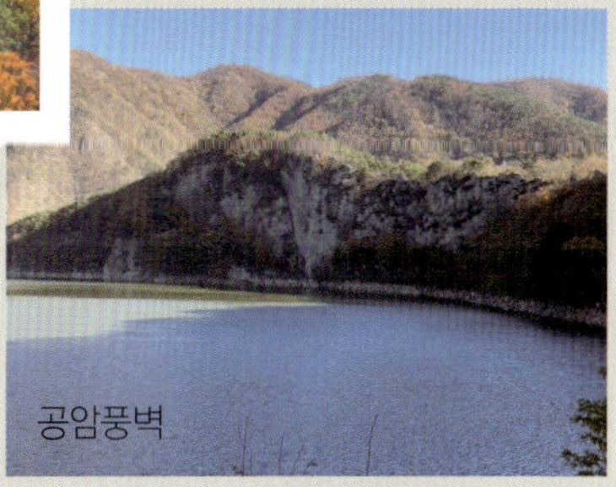

공암풍벽

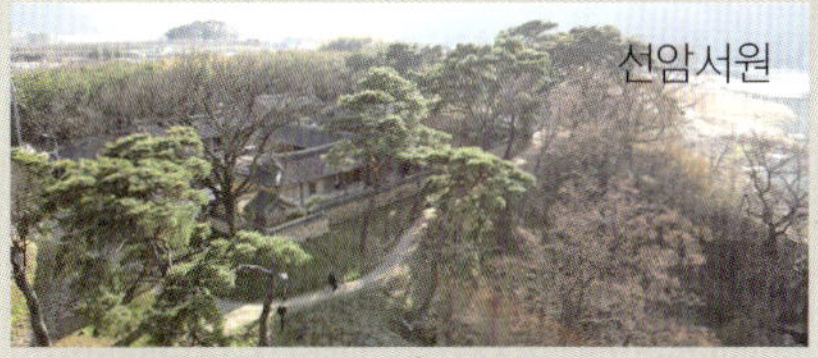

선암서원

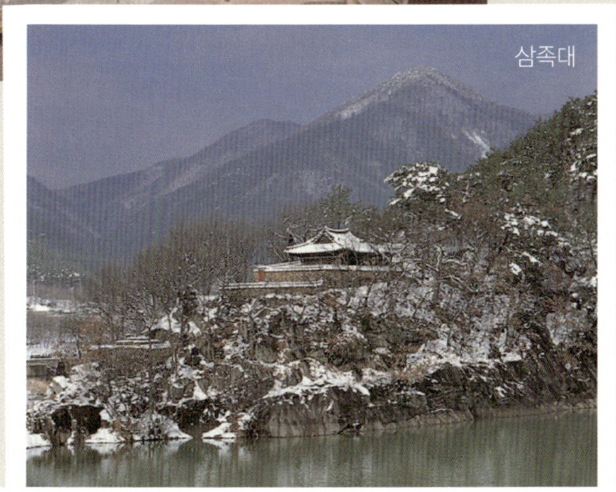

삼족대

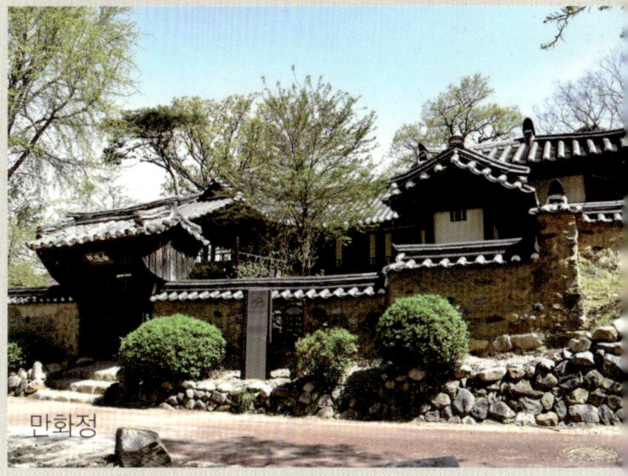

만화정

들풀시조문학관 운영 조직표

• 관장 : 민병도

• 팀장
· 기획팀장 : 정경화
· 학예팀장 : 전종대
· 대외팀장 : 성국희
· 출판팀장 : 민진혜

• 운영위원회
· 상임 운영위원 : 윤경희

· 운영위원
박명숙 정용국 임성구 김소해 남승열 하순희 임성화
이숙경 최재남 이두의 이승현 김용주 정희경 김덕남
심석정 류현서 박종구 우정숙 김장배 심금섭 김봉대
김희동 최화수 박미분 장계원 김진옥 문경이 김미숙
최광복 김숙자 이경희 (무순)

• 카페 주소 : cafe.naver.com/deulpullm